Alexander Schnell · Zeit, Einbildung, Ich

Alexander Schnell

Zeit, Einbildung, Ich

Phänomenologische Interpretation
von Kants »Transzendentaler
Kategorien-Deduktion«

Klostermann**RoteReihe**

Bibliografische Information der Deutschen Nationalbibliothek

Die Deutsche Nationalbibliothek verzeichnet diese Publikation in der Deutschen Nationalbibliografie; detaillierte bibliografische Daten sind im Internet über *http://dnb.dnb.de* abrufbar.

Originalausgabe

© 2022 · Vittorio Klostermann GmbH · Frankfurt am Main
Alle Rechte vorbehalten, insbesondere die des Nachdrucks und der Übersetzung. Ohne Genehmigung des Verlages ist es nicht gestattet, dieses Werk oder Teile in einem photomechanischen oder sonstigen Reproduktionsverfahren oder unter Verwendung elektronischer Systeme zu verarbeiten, zu vervielfältigen und zu verbreiten.
Gedruckt auf Eos Werkdruck der Firma Salzer,
alterungsbeständig ⊗ ISO 9706.
Druck und Bindung: docupoint GmbH, Barleben
Printed in Germany
ISSN 1865-7095
ISBN 978-3-465-04600-4

Herrn Professor Manfred Baum

in Verehrung und Dankbarkeit gewidmet

INHALTSVERZEICHNIS

Analytisches Inhaltsverzeichnis 9

Vorwort 17

Einleitung 21

1. Erste objektive Deduktion 39

2. Die A-Deduktion 43

Exkurs: Heideggers Deutung der A-Deduktion 89

3. Die B-Deduktion 105

Schluss 131

Anhang I: Der transzendentale Schematismus 139

Anhang II: Finks Auslegung von Kants Schematismus-Kapitel 155

ANALYTISCHES INHALTSVERZEICHNIS

Vorwort

„Tote" vs. „lebendige" Philosophie: Ausgangspunkt von *gegebenem* bzw. *vorausgesetztem* Sein vs. transzendentale *Genese* jeder Vorgegebenheit. Kants lebendiger Transzendentalismus und seine phänomenologische Relevanz.

Einleitung

Die hier vorgelegte „*minimalistische*" Interpretation von Kants Kategorien-Deduktion. Der Sinn einer *phänomenologischen* Interpretation der Kategorien-Deduktion. Heideggers phänomenologische Interpretation der *Kritik der reinen Vernunft*. Finks phänomenologische Interpretation der *Kritik der reinen Vernunft*. Die „methodische Funktion" des transzendental-phänomenologischen Verfahrens (Husserl). Das Verfahren des „Denkens als Denkens" (Fichte und Reinhold). Die Art, wie diese Verfahren in der kantischen Kategorien-Deduktion zur Anwendung kommen.

Die Grundtopoi der Phänomenologie. Die Frage nach dem Gegenstandsbezug (Kant) bzw. nach der Korrelation (Husserl). Selbstbewusstsein bzw. Apperzeption (Ich), Einbildungskraft, Zeit.

Die Ziele der Kategorien-Deduktion. Lokales Ziel: Erweisung der objektiven Gültigkeit der Kategorien. Weiteres Ziel: Beantwortung der Frage nach dem Verhältnis von „Subjekt" und „Objekt", nach der Möglichkeit des Bezugs zur Realität. Die fundamentale Rolle der Apperzeption (Selbstbewusstsein) für die Verständlichmachung dieses Bezugs. Die zwei Fassungen der Kategorien-Deduktion.

Terminologische Klärungen. „Quaestio iuris" und „quaestio facti". Die verschiedenen Begriffe der „Deduktion" in der *Kritik der reinen Vernunft*. Metaphysische Deduktion. Empirische Deduktion. Transzendentale Deduktion. Objektive Deduktion. Subjektive Deduktion. Die analytische Methode und die synthetische Methode bei Kant. Die „Dass-Perspektive" der objektiven Deduktion und die „Wie-Frage" der subjektiven Deduktion. Deduktion „von oben". Deduktion „von unten". Objektive Realität. Empirische Apperzeption und reine Apperzeption.

1. Erste objektive Deduktion

Das Prinzip der objektiven Deduktion: Die objektive Realität der Kategorien ist dadurch gewährleistet, dass nur dank ihrer Erfahrung überhaupt möglich ist. Die Frage, ob dadurch das „Hauptgeschäft" der Kategorien-Deduktion abschließend erledigt ist. Haupthypothese dieser Untersuchung: Allein die *subjektive Deduktion* antwortet auf die Frage, wie der Gegenstandsbezug der Kategorien a priori möglich ist und auch tatsächlich zustande kommt.

2. Die A-Deduktion

Struktur der A-Deduktion: drei subjektive Deduktionen und eine objektive Deduktion.

Vorbemerkungen zur „Synthesen-Deduktion". Begründung, weshalb es sich bei ihr um eine subjektive Deduktion handelt.

Sinn, Einbildungskraft und Apperzeption.

2.1 Die „Synthesen-Deduktion"

Drei Bedeutungen des Synthese-Begriffs. Die Rolle der Zeit. Empirische Synthese und reine Synthese.

Synthesis der Apprehension in der Anschauung. Die „Apprehension". Empirische Synthesis der Apprehension und reine Synthesis der Apprehension.

Synthesis der Reproduktion in der Einbildung. Die synthetische Vereinigung von aktueller Wahrnehmung und vorangegangener Vorstellung qua weitere Ingredienz der Anschauung. Das „Assoziationsgesetz" in der Erfahrung bei Locke, Hume und Tetens. „Reproduktion" und reproduktive Einbildungskraft. Empirische Synthesis der Reproduktion und reine Synthesis der Reproduktion.

Drei Schwierigkeiten bei der Synthesis der Reproduktion in der Einbildung.

Synthesis der Rekognition im Begriff. Die „Rekognition". Herstellung des Gegenstandsbezugs durch Denken des Vorstellungsmannigfaltigen im Begriff. Die Rolle des Bewusstseins. Der transzendentale Gegenstand = X. Die „phänomenologische Kontraktion" und ihre Rolle bei der Herstellung des Gegenstandsbezugs. Die transzendentale Apperzeption und ihre Rolle bei dieser Herstellung des Gegenstandsbezugs. Der empirische Begriff qua „Regel" und die empirische Synthesis der Rekognition. Die transzendentale Apperzeption qua „transzendentaler Grund" dieser empirischen Synthesis. Die transzendentale Synthesis der Rekognition. Genauere Erläuterung der transzendentalen Apperzeption. Die Konstitution der „Modi der Zeit" in den drei Synthesen der „Synthesen-Deduktion". Wiederholung des Hauptgedankens der „Synthesen-Deduktion". Zusammenfassung aller wesentlichen Schritte der „Synthesen-Deduktion". Herausstellung des gegenseitigen Vermittlungsverhältnisses von der Konstitution des Bezugs auf den Gegenstand und des Bewusstseins der Identität des Selbstbewusstseins.

Vorläufige Erklärung der Möglichkeit der Kategorien, als Erkenntnissen a priori. Vier bedeutsame Konsequenzen, die aus der „Synthesen-Deduktion" folgen: die Einheit der Erfahrung; Erzeugung der Gegenständlichkeit durch Vollzug der Erfahrungsbedingungen; „Assoziation" und „Affinität"; das Vorschreiben der Gesetze der Natur durch die transzendentale Apperzeption und die Einheit der Natur (bzw. der Welt).

Von dem Verhältnis des Verstandes zu den Gegenständen überhaupt und der Möglichkeit, diese a priori zu erkennen

2.2 Die Deduktion „von oben"
Erster Schritt: Herausstellung der „reinen Apperzeption" als höchstem Punkt der Erkenntnis. Der erste und synthetische Grundsatz unseres Denkens überhaupt: Es gibt kein Bewusstsein ohne Selbstbewusstsein. Drei wichtige Fragen. Zweiter (zentraler) Schritt: die reine Synthesis der produktiven Einbildungskraft qua synthetische Einheit a priori des Mannigfaltigen. Dritter Schritt: Durch die Einheit der Apperzeption kommt mittels der Kategorien Einheit in die Vorstellung des Mannigfaltigen.

2.3 Die Deduktion „von unten"
Ausgang von der Wahrnehmung (= mit Bewusstsein verbundene Empfindung). Apprehension. Reproduktion. Empirischer Grund („Assoziation") und objektiver Grund („Affinität") der Reproduktion. Die Einheit der Apperzeption als Grund der Affinität. Das Verhältnis von reiner Apperzeption und produktiver Einbildungskraft. Der Syllogismus der Deduktion „von unten". Die Intellektualisierung der transzendentalen Einbildungskraft. Das Verhältnis von reinem Verstand und Natur.

Das Verhältnis der Deduktion „von oben" zur Deduktion „von unten".

2.4 Summarische Vorstellung der Richtigkeit und einzigen Möglichkeit dieser Deduktion der reinen Verstandesbegriffe
Die zweite objektive Deduktion. Die Funktion der identischen Apperzeption (qua Form aller Erkenntnis der Gegenstände) in der Erscheinung. Die Idee einer „einzigmöglichen" Deduktion.

Exkurs: Heideggers Deutung der A-Deduktion
Das Grundproblem der kantischen Erkenntnistheorie.
Die phänomenologische Methode. Die fundamentale Rolle der Subjektivität und ihr transzendental-phänomenologischer Status. Die Phänomenologie als transzendentaler Idealismus und die Sinnbildung. Die Frage nach der Grundlegung der Philosophie. Die transzendentale Subjektivität als „Fundament" von Logik und Ästhetik. Der Vorrang der Einbildungskraft in der Phänomenologie.

Gegenstandsbeziehung und „ontologische Erkenntnis". Die Frage nach der Möglichkeit des Gegenstandsbezugs als Ursprungsfrage der transzendentalen Logik. Die Frage nach dem möglichen Gegenstandsbezug als die untergeschobene Frage nach der Sachhaltigkeit qua „*ontologischer* Erkenntnis".

Heideggers Auslegung des § 10 der *Kritik der reinen Vernunft*. Die reine Synthesis der Einbildungskraft (und nicht die formallogische Funktion des Urteils!) als Ursprung der Kategorien. Die dadurch erfolgende Ontologisierung der Funktion der Einbildungskraft. Das Zusammenfallen des Ursprungs der Kategorien mit dem Prinzip der Kategorien-Deduktion (mit der Dreiheit Anschauung, Einbildung, Verstand).

Heideggers Interpretation der A-Deduktion. Gleichsetzung des Objektbezugs der Kategorien mit der Möglichkeit, sie als „ontologische" Begriffe aufzufassen. Ursprungsenthüllung der Kategorien qua Wesensenthüllung derselben. Die Unhaltbarkeit dieser Heidegger'schen Auslegung. Die Kategorien-Deduktion als *quaestio facti* und nicht als *quaestio iuris*. Die „ontologische Transzendenz". Die „leitende Frage" von Heideggers Auslegung der A-Deduktion. Die Verwurzelung der Verstandes-Synthesen der „Synthesen-Deduktion" in der Synthesis der Einbildungskraft.

Erster Schritt: die Einbildungskraft qua „ursprüngliche Zeit". Zweiter Schritt: Gleichsetzung von Zeitlichkeit und Apperzeption. Dritter Schritt: Identifikation von Einbildungskraft und Apperzeption. Die Zeit als reine „Selbstaffektion". Gegenständlichkeit qua „Selbstangang".

3. Die B-Deduktion

Vorbemerkungen zur Struktur der B-Deduktion. Das Problem der Zweiteilung der B-Deduktion.

Kurze Übersicht über den Forschungsstand. Die maßgeblichen Interpretationen (Henrich, Brouillet, Wagner, Baum).

3.1 Argumentation der B-Deduktion

§ 15. Beginn der objektiven Deduktion. Die Verbindung. Mannigfaltiges (Anschauung), Synthese (Ich denke) und (höhere) Einheit.

§ 16. Die transzendentale Apperzeption qua Ursprung der höheren Einheit (bzw. der „ursprünglichen Verbindung"). Synthesis qua Voraussetzung der Analysis. Die synthetische Einheit der Apperzeption und ihre Rolle bei der Selbstzuschreibung meiner Vorstellungen. Herausstellung des gegenseitigen Vermittlungsverhältnisses von analytischer Apperzeption (als Grund der Selbstzuschreibung der Vorstellungen) und synthetischer Apperzeption (als Grund des Bewusstseins der Identität jener analytischen Apperzeption).

§ 17. Die transzendentale Apperzeption als Grundbedingung des Gegenstandsbezugs. Der sich daraus ergebende Dreischritt „Bildung der ursprünglichen Verbindung –> Selbstzuschreibung der Vorstellungen –> Herstellung des Objektbezugs". Der Grundsatz der synthetischen Einheit der Apperzeption: Alles Mannigfaltige der Anschauung steht unter Bedingungen der ursprünglich-synthetischen Einheit der Apperzeption.

§ 18. Objektive Einheit und subjektive Einheit des Selbstbewusstseins.

§ 19. Die Rolle der Urteile in der Kategorien-Deduktion. Der Schluss aus der Definition des Urteils. Das Urteil und die transzendentale Apperzeption. Die Rolle der Urteilsfunktionen für die objektive Realität der Kategorien.

§ 20. Der die Kategorien-Deduktion ausdrückende Vernunftschluss.

§ 21. Wiederholung des Resultats der bis hierher geleisteten Kategorien-Deduktion. Die Geltung dieser Deduktion für eine „gegebene Anschauung überhaupt".

§ 22. Beginn der subjektiven Deduktion. Noch einmal zum Erkenntnisbegriff. Die Sicherung objektiver Erkenntnisse mittels der Kategorien durch Einschränkung derselben auf die Erfahrung.

§ 23. Unterstreichung desselben Gedankens.

§ 24. Die Synthese des Verstandes und die Synthese der Einbildungskraft. Die transzendentale Synthesis der Einbildungskraft qua figürliche Synthesis. Die Erzeugung eines apriorischen zeitlichen Rahmens, in den die Kategorien „eingepasst" werden, qua Grundfunktion der figürlichen Synthesis. Die Selbstaffektion. Die Gegründetheit der „phänomenologischen Kontraktion" in der Selbstaffektion. Die Sukzession als grundlegende Zeitbestimmung.

§ 25. Bewusstsein des Seins des Ich und Bewusstsein des Ich, wie es sich erscheint.

§ 26. Die zwei Absichten des zweiten Schrittes der B-Deduktion. Baums Auslegung dieses Teils der B-Deduktion. Die Antwort auf diese Interpretation. Die Synthesis der Apprehension als Voraussetzung für die Anwendung der Kategorien auf empirische Anschauungen (Abschluss im § 26 des im § 24 begonnenen Ansatzes).

§ 27. Die Epigenesis der reinen Vernunft. Epigenesis und Generativität. Der Zusammenhang zwischen der Epigenesis und der Grundidee der subjektiven Kategorien-Deduktion.

Der „kurze Begriff der Deduktion".

Schluss

Schematische Darstellung aller Deduktionen in der *Kritik der reinen Vernunft*. Kurzübersicht über den wesentlichen Gehalt der sieben Kategorien-Deduktionen in den beiden Auflagen der ersten Vernunft-Kritik. Noch einmal zum Verhältnis von objektiver und subjektiver Deduktion.

Änderungen zwischen den beiden Auflagen. Die „Vertikalität" der A-Deduktion und die „Horizontalität" der B-Deduktion. Neu eingeführte Begriffe in der B-Deduktion. Das „Bewirken" des transzendentalen Selbstbewusstseins (1781) und die „Produktivität" der transzendentalen Einbildungskraft (1787). Die unterschiedlichen Auffassungsweisen des Gegenstandsbezugs zwischen 1781 und 1787. Vergleich zwischen der Herausstellung eines gegenseitigen Vermittlungsverhältnisses in der A-Deduktion und in der B-Deduktion.

Die „lebendige Philosophie" und ein kurzer Hinweis auf den gemeinsamen Geist der Klassischen Deutschen Philosophie und der Phänomenologie.

Anhang I: Der transzendentale Schematismus
Schematismus und Kategorien-Deduktion. Allgemeine Betrachtungen zur Urteilskraft. Das Alleinstellungsmerkmal der transzendentalen Urteilskraft. „Gleichartigkeit" und „Ungleichartigkeit" der Vorstellungen. Inhaltsgleichheit vs. Gleichheit des Ursprungs.

Drei Arten von Schemata: empirische Schemata, Schemata der „reinen sinnlichen Begriffe", transzendentale Schemata (unter besonderer Berücksichtigung des Unterschieds zwischen Schema und Bild). Die transzendentalen Schemata qua Zeitbestimmungen a priori.

Inhaltliche Erläuterung der einzelnen transzendentalen Schemata. Zeitreihe, Zeitinhalt, Zeitordnung und Zeitbegriff. Zwei Bemerkungen zur „Schematisierung" der Kategorien und zur vermeintlich notwendigen transzendentalen „Deduktion" der Schemata.

Anhang II: Finks Auslegung von Kants Schematismus-Kapitel
Das „Auszeichnende" der kantischen Transzendentalphilosophie laut Fink. Funktion und Tragweite des Schematismus. Finks Auslegung der transzendentalen Schemata qua „transzendentaler Zeitbestimmungen". Die Parallelisierung der Rolle der Schemata mit jener der Kategorien. Das wechselseitige Verhältnis von „Versinnlichung" der Kategorien und „Verbegrifflichung" der Zeit. Die „Zeitdinglichkeit" zwischen Zeitobjekten und zeitlichen Gegenständen. Der Unterschied zwischen Schema und Bild.

Die Bestimmung der transzendentalen Schemata.

Bestimmung des Schemas der Quantität. „Quanta", „quantum" und „quantitas". Die Zahl als Zahloperation qua zeitlicher Vorgang. Die Zahl als Bestimmung des Wiegroßseins. Das Erzeugen der Zeit als Begrenzung der Zeit.

Bestimmung des Schemas der Qualität. Realität und Empfindung. Grad und intensive Größe. Die Zeiterfüllung.

Bestimmung der Schemata der Relation. Beharrlichkeit als Schema der Substanzialität. Die Wandlung der „Nachfolge" zum „Infolge" als Schema der Kausalität. Die Gleichzeitigkeit als Schema der Gemeinschaft.

Bestimmung der Schemata der Modalität. Die Verdeutlichung des Bezugs von Sein und Zeit dank der Schemata der Modalität. Dasein in irgendeiner Zeit, in einer bestimmten Zeit und zu aller Zeit als Schemata der Möglichkeit, der Wirklichkeit und der Notwendigkeit.

Erläuterung von Zeitreihe, Zeitinhalt, Zeitordnung und Zeitinbegriff. Die „Temporalontologie der Einzeldinge". Das Zusammenspiel von Zeit, Einbildung und Ich.

Abschließende Bemerkungen zur „Bedeutung" und zum „Phainomenon".

Vorwort

Die aktuelle phänomenologische Forschung kommt größtenteils, auch wenn sie sich problemorientiert zeigt, nicht ohne eine Bezugnahme zu den Texten der Begründer der Phänomenologie aus – um dann zumeist aus einer Exegese derselben nicht wieder herauszugelangen.[1] Die hochspezialisierte akademische Kant-Forschung vertieft sich ihrerseits immer mehr in werkimmanente Probleme, deren Lösungsversuche nicht selten den Bezug zu systematischen Sachfragen aus den Augen verlieren.[2] Aus historiographischer Sicht haben diese Ansätze ihre Berechtigung. Für die sachhaltige philosophische Auseinandersetzung ist deren Relevanz jedoch begrenzt. Ihrer Bedeutung innerhalb dieser beiden Forschungsrichtungen tut das freilich keinerlei Abbruch.

Diese Untersuchung hegt die zwar nur hintergründig verfolgte, aber zugleich als Leitfaden dienende Absicht, sich dem anzunähern, was – gegen die heutzutage größtenteils vorherrschende „tote" Philosophie – als „lebendige Philosophie" bezeichnet werden soll. Wenn es darum geht, die geschichtlichen Grundlagen der „lebendigen Philosophie" herauszustellen, steht dabei der Bezug zwischen der theoretischen Philosophie Kants und der Phänomenologie im Vordergrund.[3] Der systematische Gehalt jener „Lebendigkeit" wird sich im Verlauf der Abhandlung herauskristallisieren. Was ist aber überhaupt mit „lebendiger" und „toter" Philosophie gemeint?

---

[1] Natürlich bestätigen bedeutende Ausnahmen – wie R. Barbaras und G. Jean – die Regel.

[2] Ganz anders bei M. Bunte: *Erkenntnis und Funktion. Zur Vollständigkeit der Urteilstafel und Einheit des kantischen Systems*, Berlin/New York, W. de Gruyter, Kant-Studien Ergänzungshefte, 2016 sowie bei A. Grandjean: *Métaphysiques de l'expérience. Empirisme et philosophie transcendentale selon Kant*, Paris, Vrin, 2022.

[3] Womit selbstverständlich nicht gemeint ist, dass nicht bereits zum Beispiel Heraklit, Platon und Descartes Repräsentanten einer solchen „lebendigen Philosophie" gewesen wären. Und auch in der Philosophie der Gegenwart kommt – über Phänomenologen wie Husserl, Heidegger, Fink, Levinas, Derrida und Richir hinaus – die lebendige Philosophie – etwa bei Deleuze – voll und ganz zu ihrem Recht.

Hiermit soll nicht das bezeichnet werden, was aktuell „in Mode" ist bzw. als „ausgestorben" gilt. Im Vordergrund steht vielmehr die grundsätzliche Frage nach dem Verhältnis von lebendiger Sinngestaltung und unfruchtbarem Objektivismus. Ganz allgemein formuliert ist jede Philosophie „tot", die von einem in einem vermeintlichen „Haben" vorgegebenen Sein ausgeht und sich verspricht, von da aus zum Leben (im Sinne des lebendigen Sinnvollzugs) zu gelangen. Dazu gehört der *Materialismus* (darunter unter anderem die den Lebensbegriff des lebendigen Gehirns nicht klärenden Neurowissenschaften), jede Form von Sein ansetzendem bzw. voraussetzendem *Realismus*, aber auch in der *Phänomenologie* sind weite Teile der zu beobachtenden Ansätze oft nicht zu einem Begriff von philosophischer Methode und Verfahrensweise gelangt, der *nicht* einfach von vorgegebenem bzw. vorausgesetztem Seienden ausgeht und damit die Problemstellung radikal beschneidet, bevor das Fragen überhaupt zu fragen anfängt. „Lebendigkeit" bezieht sich auf ein Denken, das die Dynamizität, die vibrierende Mobilität, aber auch die unvermeidliche Prekarität der Genese von Seiendem und von genetisierenden Seins- und Erkenntnisprozessen überhaupt erfasst und entwickelt. Die transzendentale Phänomenologie macht damit ernst, dass Sinnaufgehen, Sinnbildung und Sinnverstehen nur in der lebendigen Reflexion *diesseits von positiver Gegebenheit* – und das heißt stets: diesseits von jeder Objektivität *und* Subjektivität – möglich ist bzw. verwirklicht wird. In seiner frühen Husserl-Interpretation hat Derrida sehr eindrücklich dargelegt, dass die Husserl'sche transzendentale Phänomenologie sich sowohl gegen den Psychologismus als auch gegen den Formalismus konstituiert hat, um sich ganz der *Genese* des (Vor-)Gegebenen zu widmen. Der phänomenologische Diskurs verschreibt sich dementsprechend einem lebendigen Transzendentalismus, der weder in psychologisch-empirischer Deskription der Bewusstseinsleistungen noch in rein logischen „Bedingungen der Möglichkeit" der Erkenntnis aufgeht, sondern eben die genetisierende Aufklärung jeder Seinssetzung betreibt.[4]

Eine der Grundauffassungen dieses Essays besteht in der Überzeugung, dass Kants Kategorien-Deduktion für die systematische

---

[4] Siehe hierzu v. Vf. *Der frühe Derrida und die Phänomenologie. Eine Vorlesung*, Frankfurt am Main, Klostermann, 2021.

Ausgestaltung des lebendigen, phänomenologischen Transzendentalismus wertvolle Einsichten bereithält. Damit wird der Standpunkt vertreten, dass – im Gegensatz zu Husserls eigener Sichtweise – der kantische Transzendentalismus gerade nicht ein bloßer Formalismus ist, aber auch nicht ein Psychologismus der Erkenntnisvermögen. Dies gilt freilich nicht für alle Textstücke der *Kritik der reinen Vernunft*, und zudem wurde ein solcher „lebendiger Transzendentalismus" von Kant selbst auch nicht reflektierend in Augenschein genommen. Wenn hier eine schlüssige Interpretation der Kategorien-Deduktion vorgelegt werden soll, so wendet sich das Buch damit keinesfalls ausschließlich an orthodoxe Kant-Interpreten. Es geht in einem nicht minderen Maße darum, die Idee einer „lebendigen (Transzendental-)Philosophie" anhand eines der spannendsten und schwierigsten Texte der abendländischen Philosophie vorzustellen und zu erproben.[5]

---

[5] Ich danke ganz herzlich Niklas Jaenecke und Inga Römer für die Lektüre des Manuskripts und für ihre hervorragenden Anmerkungen und Verbesserungsvorschläge. Niklas Jaenecke sei dazu auch für die langen vertieften Gespräche gedankt, die vieles von dem, was in dieser Untersuchung zunächst lediglich implizit zum Ausdruck kam, expliziert und damit zu größerer Klarheit und Deutlichkeit gebracht haben.

Einleitung

Diese Untersuchung legt eine neue Interpretation der beiden Fassungen von Kants „Transzendentaler Deduktion der reinen Verstandesbegriffe" (bzw. „Kategorien") vor. Diesbezüglich existiert bereits eine überwältigende Forschungsliteratur, deren Umfang seit über einem Jahrhundert stets noch weiter ansteigt. Dass es aber noch immer nicht „den" Kommentar gibt, der Kants Text endgültig aufschlüsselt, ist der immerwährenden und bleibenden Tatsache geschuldet, dass dieser außerordentlich komplex ist und zum Schwierigsten gehört, was die abendländische Philosophiegeschichte überhaupt zu bieten hat. Verschiedene Stellen sind, wenn nicht widersprüchlich, so zumindest legitimer Weise unterschiedlich auslegbar. Die hier vertretene Interpretationslinie mündet in einer Auslegung, die in dieser Form bisher noch nicht vertreten wurde und eine neuerliche Publikation zu dieser Thematik rechtfertigen mag. Dabei wird von den in der akademischen Kant-Forschung üblichen Gepflogenheiten abgesehen und ein verhältnismäßig kurzer Kommentar vorgelegt, der auf die ausufernden Debatten der letzten Jahrzehnte nur sehr beschränkt Bezug nimmt. Die durchgehende Leitidee besteht vielmehr in dem Bestreben, Kants Gedankengang so *konzis* und *zusammengedrängt* wie möglich nachzuzeichnen. Die versuchte Auslegung nimmt daher zumeist „minimalistische" Züge an.

In dieser Abhandlung soll dazu eine *phänomenologische* Interpretation von Kants Kategorien-Deduktionen vorgelegt werden. Was das impliziert, geht über die reine Kant-Exegese hinaus. Es geht dabei nicht vordergründig darum, eine eigene – genuin phänomenologische – *Interpretationsart* vorzulegen, sondern vielmehr darum, herauszuarbeiten, was an der kantischen Kategorien-Deduktion für die heutige phänomenologische Forschung, sofern sie die Bedeutung des Bezugs der Phänomenologie zur Klassischen Deutschen Philosophie anerkennt, relevant ist.

Eine solche phänomenologische Interpretation, die sich ursprünglich sogar die gesamte *Kritik der reinen Vernunft* vorgenommen hatte,[6] wurde bereits von Martin Heidegger in einer im Wintersemester 1927–1928 in Marburg gehaltenen Vorlesung vorgelegt, die aber – von Ingtraud Görland postum herausgegeben – erst ein halbes Jahrhundert später das Licht der Öffentlichkeit erblickt hat. Zum Attribut „phänomenologisch" merkte Heidegger am Anfang etwas lakonisch an:[7]

Die Kennzeichnung der Interpretation als phänomenologische soll zunächst lediglich andeuten, dass sich die interpretierende Auseinandersetzung mit Kant unmittelbar aus der heute lebendigen philosophischen Problematik vollzieht. Was Phänomenologie ist, das soll sich in der Durchführung der Interpretation selbst demonstrieren.[8]

Die Absicht hier ist eine ganz ähnliche: Die Lebendigkeit der *heutigen* phänomenologischen Forschung, so lautet eine erste hier verfochtene These, bezeugt sich noch immer in Fragestellungen, die bereits von Kant in seinen Kategorien-Deduktionen aufgeworfen wurden. Um das sichtbar zu machen, müssen diese freilich erst einmal phänomenologisch „in die Sicht genommen" und im Idealfall auch ausgelegt werden. In diesen Zirkel muss nicht nur der Interpret, sondern auch der Leser hineinspringen, wenn ihm die Fruchtbarkeit des ganzen Unterfangens einsichtig werden soll.

Eine weitere bedeutende, sich selbst als *phänomenologisch* ausweisende Interpretation der *Kritik der reinen Vernunft* stammt von Eugen Fink.[9] Sie ist ausführlicher und in weiten Teilen näher am kantischen Text angelegt als Heideggers Interpretation. Wenn zwar die

---

[6] In Wirklichkeit beschränkt sich Heideggers Interpretation aber auf die transzendentale Ästhetik, die Analytik der Begriffe, die Kategorien-Deduktion in der A-Ausgabe sowie auf eine kurze Bemerkung zum Schematismus-Kapitel.

[7] Auf Heideggers Auslegung der Kategorien-Deduktion im Allgemeinen und auf seine Auffassung einer phänomenologischen Interpretation derselben wird im „Exkurs" ausführlich eingegangen.

[8] M. Heidegger, *Phänomenologische Interpretation von Kants* Kritik der reinen Vernunft, I. Görland (Hsg.), HGA 25, Frankfurt am Main, Vittorio Klostermann Verlag, 1977, 1987², S. 6.

[9] E. Fink, *Epilegomena zu Immanuel Kants* Kritik der reinen Vernunft. *Ein phänomenologischer Kommentar* (1962–1971), aufgrund der autorisierten Protokolle von Friedrich-Wilhelm von Herrmann und der handschriftlichen Seminarvorbereitungen Eugen Finks, Eugen Fink Gesamtausgabe, Band

erste Vernunft-Kritik in der Tat einer sehr ausführlichen Behandlung unterzogen wird, so ist das *Deduktions*-Kapitel darin jedoch bedauerlicherweise ausgelassen. Die vorliegende Interpretation, die Finks Geist soweit wie möglich die Treue erweisen will, möchte diese Lücke schließen. Auf Finks Deutung des *Schematismus*-Kapitels wird im letzten Anhang aus sachlichen Gründen ausführlich eingegangen.

Wie wird hier nun der Begriff einer „phänomenologischen" Interpretation der kantischen Kategorien-Deduktion aufgefasst? Weshalb fällt die Wahl ausgerechnet auf diesen Text? Und warum eine „phänomenologische" Interpretation desselben? Dies rührt daher, dass sich beide gegenseitig bestimmen und verständlich machen. Formal ist das phänomenologische Verfahren – und dabei eine besondere *Grundeinsicht* darin – sehr gut dazu geeignet, die Bedeutung jenes Textes zu *explizieren* (womit freilich keinesfalls gesagt sein soll, dass es nicht auch andere Verfahren zur Verständlichmachung des Textes gibt). Inhaltlich liefert der kantische Text *Grundtopoi* der Phänomenologie.

Worin besteht die besagte *Grundeinsicht* (Husserl spricht von einer „methodischen Funktion") des phänomenologischen – und damit ist gemeint: des *transzendental*-phänomenologischen – Verfahrens? Hierzu könnte man eine ganze Reihe von Texten herbeizitieren, auch solche, die der transzendentalen Phänomenologie im engeren Sinne gar nicht angehören – wohl aber der Transzendentalphilosophie (weshalb es völlig berechtigt ist, diese Texte hier hinzuzuziehen). Auf zwei Auszüge soll hier gleich zu Anfang Bezug genommen werden. Der erste stammt aus Husserls *Ideen 1*:

Für die phänomenologische Methode (und in weiterer Folge für die Methode transzendental-philosophischer Forschung überhaupt) hat eine systematische Lehre von den sämtlichen phänomenologischen Reduktionen […] eine große Wichtigkeit. Ihre ausdrücklichen „Einklammerungen" haben die methodische Funktion, uns beständig daran zu erinnern, dass die betreffenden Seins- und Erkenntnissphären [also die der – eben eingeklammerten – empirischen Welt] *prinzipiell* außerhalb derjenigen liegen, die als transzendental-phänomenologische erforscht werden sollen, und dass jedes Sicheindrängen von Prämissen, die jenen eingeklammerten Gebieten

13/1–13/3, Guy van Kerckhoven (Hsg.), Freiburg/München, Karl Alber Verlag, 2011.

angehören, eine Anzeige ist für eine widersinnige Vermengung, für eine echte *metabasis*.[10]

Der zweite entstammt aus Fichtes berühmtem Antwortschreiben an Reinhold von 1801 (zwar strotzt jenes Schreiben nur so vor Ironie und Sarkasmus gegenüber Reinhold, der folgende Gedanke muss jedoch völlig ernst genommen werden):

Abstrahieren wir davon, dass [zum Beispiel] ein Triangel konstruiert, und überhaupt, *dass* konstruiert werde, und sehen nur darauf, dass eine absolute, in jedem Einzelnen ins Unendliche wiederholbare Totalität gesetzt wird, so haben wir das, was Sie [scil. Reinhold] *Denken als Denken* nennen; das, was nach Ihnen in unserem gewöhnlichen Erkennen dieses Triangels da, oder auch dieser Pflanze, dieses Tieres, Bestandteil aus dem bloßen reinen Denken ist. […]
Sie stehen sonach über dem gewöhnlichen Erkennen, das ich = B nennen will: Dieses ist der Gegenstand Ihres Philosophierens. Diesem setzen Sie voraus Ihr Denken als Denken = A, als schlechthin Letztes, über welches sich nicht hinausgehen lässt. […]
Vor allen Dingen bezeuge ich Ihnen mit aufrichtigster Seele meine Hochachtung […], dass Sie sich nun zu jenem A erhoben haben. An der Erkenntnis dieser absoluten, nicht aus den Einzelnen zusammengesetzten Allgemeinheit, dieses Grundes aller wissenschaftlichen Evidenz und alles gemeinen Wissens und Überzeugtseins, fehlt es in unserem Chroniken-Zeitalter beinahe durchaus; und nichts hat unter anderen auch dem Eingange des kantischen Geistes und der Wissenschaftslehre so kräftig entgegengestanden, als dieser Mangel.[11]

Was ist diesen Texten zu entnehmen? Dass der transzendental-philosophische bzw. transzendental-phänomenologische Diskurs *prinzipiell* von der empirischen Realität zu trennen ist. Dieser Punkt – der nicht nur zu Fichtes Zeiten, sondern auch im heutigen, realistisch geprägten Zeitalter, beinahe vollständig ignoriert wird – kann nicht stark genug betont werden. Wir wissen seit der bereits er-

---

[10] E. Husserl, *Ideen I*, *Husserliana* III/1, K. Schuhmann (Hsg.), Den Haag, M. Nijhoff, 1976, § 61, S. 130.
[11] J. G. Fichte, „Antwortschreiben an Herrn Professor Reinhold" (Tübingen, 1801), R. Lauth & H. Gliwitzky (Hsg.), J. G. Fichte-Gesamtausgabe, Band I, 7, Stuttgart-Bad Cannstatt, Frommann-Holzboog, 1988, S. 294f.

wähnten Derrida'schen Lektüre des frühen Husserl, dass der transzendental-phänomenologische Diskurs sich nach und nach als „dritter Weg" über Psychologismus und Logizismus hinaus herauskristallisiert hat. Damit ist nicht bloß gemeint, dass – nach der Ausschaltung der Seinssetzung – im freischwebenden Raum Deskriptionen über die Art vollzogen werden, wie das Bewusstsein durch spezifische Akte jeweils die Bedeutung dieses oder jenes Bewusstseinskorrelats stiftet, sondern es geht vielmehr darum, aufzuweisen, wie dank *transzendentaler* Leistungen (d. h. solcher, die auf Gegenstände gehen, die diesen Leistungen gegenüber „transzendent"[12] sind) Sinnstiftung allererst *ermöglicht* wird. Das Herabsteigen in die Sphäre dieses Ermöglichens rechtfertigt es, Husserls Ansatz mit jenem der Klassischen Deutschen Philosophie, in welchem das „Denken als Denken" eingeführt wird, in Verbindung zu setzen. Eines der Desiderata dieser Abhandlung besteht darin, den Status dieses transzendental-phänomenologischen Diskurses besser verständlich zu machen. Mit anderen Worten, was diese Texte zu entnehmen gestatten (und dabei ist gewiss bereits ein Schritt über Kant hinaus notwendig, wenngleich gerade dadurch der Sinn der Kategorien-Deduktion in ihrer systematischen Tiefe deutlich gemacht werden kann), ist, dass das, was Reinhold und Fichte eben als „Denken als Denken" bezeichnen (und was mittels der phänomenologischen Epochè seinerseits – allerdings unbewusst – vollzogen wird), *jene transzendentale, den Grund aller Evidenz liefernde Sphäre bildet, die dem gewöhnlichen Erfahren zugrunde- bzw. vorausliegt.* Kants Kategorien-Deduktion – so lautet eine weitere These – ist historisch der erste Text, der dieses transzendentale Verfahren zur Anwendung bringt. Durch eine phänomenologische Auslegung desselben lassen sich all jene Ansätze und Stellen bei Kant stark machen, in denen das „Transzendentale" ganz offensichtlich über rein logische Erkenntnisbedingungen hinausgeht und jene Sphäre des „Denkens als Denken" offenbart, der sich jede maßgebliche Transzendentalphilosophie nach Kant – und damit insbesondere auch die transzendentale *Phänomenologie* – zuwenden wird.

---

[12] Hiermit ist keine „reale" Transzendenz gemeint (also keine solche, die „realen", „empirischen" Gegenständen zukäme), sondern diejenige Transzendenz, welche die Gegenstände *innerhalb der transzendentalen Sphäre* in ihrem eingeklammerten Sein kennzeichnet.

Was macht die *Grundtopoi* der Phänomenologie aus? Sie bestehen darin, den Zusammenhang von Denken und Sein, Bewusstsein (bzw. Selbstbewusstsein) und Welt, Subjektivität und Objektivität, so darzustellen, dass dadurch die Grundfragen der Erkenntnis (bzw. des Verstehens) und des Seins einer Lösung nähergebracht werden. Worin kann diese Lösung bestehen? Hierfür muss eben gerade auf die kantische Kategorien-Deduktion Bezug genommen werden. Der kantische Text fragt ganz dezidiert nach der Möglichkeit des *Gegenstandsbezugs*, d. h. nach der Art, wie für das transzendentale Subjekt der Bezug auf ein transzendentales Objekt möglich ist. Damit wird ein erster Grundbegriff – nämlich der, den die Phänomenologie als *Korrelation* bezeichnet – ins Zentrum der Aufmerksamkeit gerückt. Die Kategorien-Deduktion macht aber ferner ebenso deutlich, dass dabei dem Selbstbewusstsein (Apperzeption) eine entscheidende Rolle zukommt. Er weist auf die wesentliche Funktion der Einbildungskraft hin. Und er bettet diese Problematik in eine zeitliche Dimension ein. Zeit, Einbildung, Ich sind aber eben auch wesentliche Begriffe der (transzendentalen) Phänomenologie.[13] Sie begründen und rechtfertigen es somit, diesen Text phänomenologisch zu durchleuchten.

Die Ziele der Kategorien Deduktion

Die „Transzendentale Deduktion der reinen Verstandesbegriffe" ist jener Teil der *Kritik der reinen Vernunft*, der Kant die größte Arbeit abverlangt hat. Sie gilt als der am wenigsten verständliche Teil dieses Werkes; viele – auch namhafte Kommentatoren – halten sie schlicht für unverständlich. Hier soll zu zeigen versucht werden, dass der Text sehr wohl verständlich, in weiten Teilen sogar ergreifend ist. Zunächst einige allgemeine Bemerkungen bezüglich seiner Grundproblematik.

Die Kategoriendeduktion hat einerseits ein lokales Ziel und andererseits eine ungeheure systematische Tragweite. Das lokale Ziel besteht darin zu erweisen, dass etwas, was rein subjektiv dem Ver-

---

[13] Siehe v. Vf. *Wirklichkeitsbilder*, Tübingen, Mohr Siebeck, „Philosophische Untersuchungen", 2015.

stand entstammt – seine reinen Begriffe oder „Kategorien" – tatsächlich die Formen (bzw. Denkbedingungen) für etwas abliefern, was dem Verstand äußerlich, d. h. anschaulich gegeben ist. Bei Raum und Zeit stellte sich diese Schwierigkeit nicht. Raum und Zeit sind zwar auch subjektiv, aber dadurch, dass sie die Bedingung dafür sind, dass uns überhaupt etwas erscheinen und gegeben werden kann, braucht man keine Besorgnis hinsichtlich ihrer objektiven Realität zu haben. Ganz anders verhält es sich dagegen mit den Kategorien. Diese gestatten es, „etwas überhaupt" zu denken und dieses sogar in seinen gegenständlichen Strukturen zu bestimmen (Einheit, Realität, Substanzialität, Kausalität usw.). Wie aber, wenn das reine „Hirngespinste"[14] wären? Wie kann sichergestellt werden, dass den Gegenständen „da draußen" diese Strukturen auch „wirklich", „real", entsprechen? Das ist ein erstes Beweisziel der Kategoriendeduktion.

Aber hinter dieser Deduktion steht in der Tat noch viel mehr. Es geht um die wesentliche Frage nach dem grundsätzlichen Verhältnis von „Subjekt" und „Objekt", von „Ich" und „Nicht-Ich", wie Fichte kurze Zeit später sagen wird. Es soll also geklärt werden, wie das Bewusstsein *Bewusstsein* „von etwas" sein kann – also wie das Objekt zu verstehen ist, sofern es nur im und durch das Bewusstsein gegeben werden kann – und umgekehrt, wie das Objekt überhaupt in das Bewusstsein „eintreten" kann. Wenn die von Kant angemahnte Umkehrung der Denkungsart, also die „kopernikanische Revolution", gerechtfertigt ist, dann muss gezeigt werden, dass und wie das Objekt tatsächlich subjektabhängig ist, aber auch, inwiefern das Subjekt überhaupt dazu befähigt ist, objektive Realität zu stiften. Es geht also schlicht um die Frage nach der Möglichkeit, wie durch das Denken der Bezug zur Realität[15] hergestellt werden kann.

Kants Hauptthese – die mit der vielleicht einzigen Ausnahme von Merian[16] (1749) keine Vorläufer hat – besteht darin, dass der

---

[14] KrV, A 91/B 124.

[15] Hiermit – und das gilt für die gesamte Abhandlung – ist nicht die konkrete Wirklichkeit gemeint, sondern, wenn von „Gegenstandsbezug" die Rede ist, handelt es sich stets um den Bezug auf einen Gegenstand *möglicher* Erfahrung.

[16] J. B. Merian, *Mémoire sur l'apperception considérée relativement aux idées*, in *Histoire de l'Académie Royale des Sciences et Belles Lettres. Année 1749*, Berlin,

Bezug von Subjekt und Objekt, die objektive Realität des Subjekts und die Subjektabhängigkeit des Objekts, vom *Selbstbewusstsein* (d. h. von der „Apperzeption") abhängen. „Selbstbewusstsein" bezeichnet dabei denjenigen Subjekt-Objekt-Bezug, in dem Objekt und Subjekt *identisch* sind, wo also das Subjekt sich selbst zum Gegenstand macht und hat. In der Kategoriendeduktion wird somit erwiesen, in welchem grundsätzlichen Verhältnis Subjekt, Objekt und Selbstbewusstsein stehen müssen, damit Erkenntnis möglich ist.

Bekanntlich gibt es *zwei* Kategorien-Deduktionen. In der B-Auflage wurde der Text völlig neu entworfen. Warum hat Kant es nicht bei der ersten Version belassen, sondern sich zu dieser Neufassung entschieden? War er selbst mit der ersten Darstellung unzufrieden? Enthält sie womöglich gar Fehler? Dem ist nicht so. Kant antwortet vielmehr u. a. auf Kritiken, die ihm insbesondere in diversen Rezensionen gemacht wurden. Bekannt ist etwa die Garve-Feder-Rezension (erschienen 1782 in den „Göttinger Gelehrten Anzeigen"). Nicht, dass Kant immer seine Zustimmung dazu geäußert hätte, wie er verstanden und ausgelegt wurde (jeder Autor kennt das Leid, das ihm mitunter vom einen oder anderen Rezensenten[17] zuteilwird…). Aber er sah es doch als wichtig an, auf systematische Einwände (vor allem, wenn sie in seinen Augen auf Missverständnissen beruhen) einzugehen. Es gibt mehrere Gründe, weshalb es zwei Fassungen gibt. Auf die spezifischen Unterschiede wird später ausdrücklich

---

1751, S. 213–232. Siehe hierzu, U. Thiel, „Between Wolff and Kant: Merian's Theory of Apperception", in *Journal of the History of Philosophy*, Band 34, 1996, S. 213–232. Ich danke Manfred Baum für diesen Hinweis.

[17] Goethe hat ihm sogar ein bekanntes (zum ersten Mal im März 1774 erschienenes) Gedicht gewidmet (J. W. von Goethe, *Berliner Ausgabe. Poetische Werke*, Band 1, Berlin, Aufbau Verlag, 1960 ff., S. 416–417):

„Da hatt ich einen Kerl zu Gast,
Er war mir eben nicht zur Last,
Ich hatt so mein gewöhnlich Essen.
Hat sich der Mensch pump satt gefressen
Zum Nachtisch was ich gespeichert hatt!
Und kaum ist mir der Kerl so satt,
Tut ihn der Teufel zum Nachbar führen,
Über mein Essen zu raisonnieren.
Die Supp hätt können gewürzter sein,
Der Braten brauner, firner der Wein.
Der tausend Sackerment!
Schlagt ihn tot den Hund! Es ist ein Rezensent."

zurückzukommen sein. Zuvor müssen jedoch einige zentrale Begriffe des kantischen Textes erläutert werden.

Terminologische Klärungen

„Quaestio iuris" und „quaestio facti". Den Begriff der „Deduktion" entnimmt Kant der Sprache der Juristen – und nicht dem philosophischen Diskurs[18] (auch bei Descartes etwa war früher schon ausführlich von „Deduktionen" die Rede, Kant schließt hieran aber nicht an). Die Rechtslehrer haben unterschieden zwischen dem, was die „Tatsachen" oder „Fakten" (quid facti) angeht, und dem, was „rechtens" (quid iuris) ist. Ich kann mir einen Gegenstand gewaltsam aneignen, zum Beispiel das Fahrrad eines Fremden, und einen Besitzanspruch zum Ausdruck bringen. Dabei verlassen wir nicht die Tatsachenebene: Das Fahrrad steht in meinem Keller und ist in meiner Gewalt. Damit ist aber keinesfalls gesagt, dass das auch „rechtens" ist.

Dieser Unterschied ist in der Philosophie von ganz *grundlegender* Bedeutung. Die „quaestio facti" fragt nach dem, was *ist*. Die „quaestio iuris" dagegen fragt nach dem, was *gerechtfertigt*, was *legitim(iert)* ist. Im ersten Fall wird das Sein als Tatsache hingenommen, im letzteren wird die Überlegung darüber angestellt, wie eine Rechtfertigung bzw. Legitimation einer Aussage, einer Behauptung usw. geliefert werden kann. Dass die Deduktion also immer eine gewisse Legitimation zu ihrem Gegenstand hat, bedeutet, dass es um Begründung, Rechtfertigung geht. Also nicht darum zu zeigen, dass irgendetwas einfach so oder so tatsächlich entstanden ist, sondern darum zu begründen, weshalb etwas *gerechtfertigter Weise* als das angenommen werden darf, wie es sich ausgibt – also weshalb es „lebendig möglich" ist.

Es müssen insgesamt nicht weniger als sieben (!) Deduktions-Begriffe bei Kant unterschieden und definiert werden. Hier zu-

---

[18] Siehe hierzu D. Henrich, „Kant's Notion of a Deduction and the Methodological Background of the First Critique", in: *Kant's Transcendental Deductions*, E. Förster (Hsg.), Redwood City, Stanford University Press, 1989, S. 29–46.

nächst die *Definitionen* der drei Grundtypen der Deduktion (metaphysische, empirische und transzendentale Deduktion – alle beziehen sich auf Begriffe bzw. auf die Kategorien qua reine Verstandesbegriffe):

Metaphysische Deduktion: „In der metaphysischen Deduktion wird der *Ursprung der Kategorien* […] durch ihre völlige *Zusammentreffung mit den allgemeinen logischen Funktionen des Denkens* dargetan."[19] Das heißt, dass in der metaphysischen Deduktion die Kategorien aus den logischen Funktionen abgeleitet werden (vgl. § 10).[20]

Empirische Deduktion: „Die empirische Deduktion zeigt die Art an, wie ein Begriff durch Erfahrung und Reflexion über dieselbe

---

[19] KrV, B 159 (hervorgehoben v. Vf.). (Kants *Kritik der reinen Vernunft* [„KrV"] wird hier – der üblichen Zitierweise gemäß – nach der ersten [1781 erschienenen] und der zweiten [1787 herausgebrachten] Auflage zitiert. Die erste Auflage wird als „A-Auflage", die zweite als „B-Auflage" bezeichnet. „A" und „B" werden dabei jeweils den betreffenden Seitenzahlen vorangestellt.)

[20] Zur „metaphysischen Deduktion" sei der lesenswerte Artikel von R. P. Horstmann „Die metaphysische Deduktion in Kants *Kritik der reinen Vernunft*", in *Probleme der „Kritik der reinen Vernunft"*, B. Tuschling (Hsg.), Berlin/New York, W. de Gruyter, 1984, S. 15–33, empfohlen. Horstmanns These lautet, dass die *metaphysische* Deduktion die Annahme ausweist, dass es überhaupt möglich ist, dass sich Kategorien auf Gegenstände qua Gegenstände beziehen. Dadurch macht sie eine Bedingung der Möglichkeit der (subjektiven) *transzendentalen* Deduktion aus (ohne sie aber – wie F. Moledo [s. u.] – mit der subjektiven Deduktion gleichzusetzen), welche erweisen wird, *wie* dieser Gegenstandsbezug möglich ist. Die metaphysische Deduktion erfolge laut Horstmann in drei Schritten. Der erste Schritt kläre die Frage, unter welchen Bedingungen apriorische Begriffe *überhaupt* (also nicht nur etwa die Kategorien!) sich auf Gegenstände beziehen, und impliziere eine Festlegung dessen, was „Kategorie" bedeutet. Der zweite Schritt weise nach, dass die Möglichkeit des Gegenstandsbezugs apriorischer Begriffe auf die einheitsbildende Funktion des Verstandes zurückgeführt werden kann. Der dritte Schritt zeige auf, welche Begriffe (nämlich die *Kategorien*) die Bedingungen des ersten Schritts erfüllen und zugleich als Entsprechungen zu Einheitsfunktionen des Verstandes im Urteil betrachtet werden können. Es *muss* möglich sein, dass die Kategorien sich auf Gegenstände beziehen – denn sonst wäre es gar nicht möglich, den Begriff eines Gegenstandes zu haben. Und letzteres ist, wie gleich gezeigt wird, die Voraussetzung für die Fragestellung der (objektiven) transzendentalen Deduktion.

erworben wurde und daher nicht die *Rechtmäßigkeit*, sondern das *Faktum* betrifft, wodurch der Besitz entsprungen ist."[21] Die empirische Deduktion beantwortet also immer nur *quaestiones facti*, Fragen nach dem *quid facti* (zum Beispiel jene der empirischen oder psychologischen Genese eines Begriffs).

Transzendentale Deduktion (sie betrifft die Rechtmäßigkeit): „[D]ie *Erklärung der Art, wie sich Begriffe a priori* [a priori hier als Adverb, nicht als Attribut verstanden[22]] *auf Gegenstände beziehen können*, <ist> die transzendentale Deduktion derselben."[23]

Zusätzlich müssen noch – und diese begriffliche Unterscheidung ist absolut wesentlich – *zwei Arten der transzendentalen Deduktion* gesondert werden:

Objektive Deduktion: Sie geht davon aus, *dass* die Kategorien – dank der metaphysischen Deduktion – bereits *vorliegen*. Dementsprechend bezieht sie „sich auf die Gegenstände des reinen Verstandes und soll die objektive Gültigkeit seiner Begriffe a priori dartun und begreiflich machen".[24] Ziel ist es somit darzulegen, dass den Kategorien etwas Objektives, objektiv Gültiges, entsprechen kann und sie dadurch keine bloßen „Hirngespinste" sind. Anders ausgedrückt bezieht sich die objektive Deduktion, von der Gegebenheit der Kategorien ausgehend, gleichsam auf ein *„Außen"* (also auf die in der Erfahrung angetroffenen Gegenstände) und macht sich zur Aufgabe zu erweisen, dass die Kategorien objektiv gültig sind.

Subjektive Deduktion: Sie „geht darauf aus, den reinen Verstand selbst, *nach seiner Möglichkeit und den Erkenntniskräften, auf denen er selbst beruht*, mithin ihn in *subjektiver* Beziehung zu betrachten".[25] Sie beantwortet folgende Frage: „*Wie* ist das Vermögen zu denken selbst

---

[21] KrV, A 85/B 117 (hervorgehoben v. Vf.).

[22] Diese Lesart stützt sich auf Kants „Antwort an Johann Wilhelm Andreas Kosmann" vom September 1789, in der er ausführt, dass eine transzendentale Deduktion von unseren Vorstellungen darin besteht, dass wir „die Gründe der Möglichkeit aufsuchen, wie sie a priori […] objektive Realität haben", I. Kant, *Briefwechsel*, Hamburg, F. Meiner, 1986, S. 415.

[23] KrV, A 85/B 117 (hervorgehoben v. Vf.).

[24] KrV, A XVI.

[25] KrV, A XVIf. (hervorgehoben v. Vf.).

möglich?"²⁶ Damit richtet sich Kant auf ein „*Innen*", auf die „innere"²⁷ Struktur des Denkvermögens und befragt es hinsichtlich seiner eigenen konstitutiven Möglichkeit.

Diese beiden Grundformen der transzendentalen Deduktion können zu Kants „*analytischer*" und „*synthetischer*" *Methode* in Beziehung gesetzt werden. In der *Logik* formuliert Kant den Unterschied zwischen diesen beiden Methodenarten so: Die analytische Methode „fängt von dem Bedingten und Begründeten an und geht zu den Prinzipien fort (a principiatis ad principia)"; die synthetische Methode hingegen „geht von den Prinzipien zu den Folgen oder vom Einfachen zum Zusammengesetzten. Die erstere könnte man auch die *regressive*, so wie die letztere die *progressive* nennen".²⁸ Derselbe Unterschied wird in den *Prolegomena zu einer jeden künftigen Metaphysik* (1783) noch einmal folgendermaßen charakterisiert: Die analytische Methode geht gewissermaßen von „Fakten"²⁹ aus, um von dort zu den „Quellen" aufzusteigen, „die man noch nicht kennt, und deren Entdeckung uns nicht allein das, was man wusste, erklären, sondern zugleich einen Umfang vieler Erkenntnisse, die insgesamt aus den nämlichen Quellen entspringen, darstellen wird".³⁰ Die synthetische Methode sucht dagegen „die Erkenntnis aus ihren ursprünglichen Keimen zu entwickeln".³¹ Die subjektive Deduktion entspricht in gewisser Weise der synthetischen, progressiven Methode (die Kant allgemein in der *Kritik der reinen Vernunft* favorisiert), denn sie betreibt (nicht empirische,

---

²⁶ KrV, A XVII.
²⁷ Dies ändert freilich nichts daran, dass auch – und gerade – die subjektive Deduktion die Möglichkeit des Gegenstandsbezug zu erweisen und zu erklären sucht (wobei „Gegenstand", wie bereits betont, immer als Gegenstand einer *möglichen Erfahrung* aufgefasst werden muss).
²⁸ I. Kant, „*Jäsche-Logik*", § 117, *Kants Werke*, Band IX, Berlin, W. de Gruyter, 1968, S. 149.
²⁹ Diese „Fakten" kommen den bereits herausgearbeiteten oder aufgestellten synthetischen Urteilen a priori in der Mathematik, der Physik und der Metaphysik gleich.
³⁰ I. Kant, *Prolegomena zu einer jeden künftigen Metaphysik*, Hamburg, F. Meiner, 2001, S. 28f.
³¹ *Prolegomena zu einer jeden künftigen Metaphysik*, S. 28. Wie wir sehen werden, schließt der Begriff der „Epigenesis" an diese Auffassung der subjektiven Deduktion an.

sondern transzendentale) *Ursachen*forschung, während die objektive Deduktion (die von der Gegebenheit der Kategorien ausgeht, um von da aus ihre objektive Gültigkeit zu erweisen) in die Nähe zur analytischen, regressiven Methode (die in den *Prolegomena* zur Anwendung kommt) gesetzt werden kann. Die objektive Deduktion geht – wie die analytische Methode – von Gegebenem, den Kategorien, aus, um ihre objektive Realität darzulegen. Die subjektive Deduktion geht – wie die synthetische Methode – von den „Keimen" aus (hier: von den subjektiven Erkenntnisquellen),[32] um aufzuzeigen, wie sich von dort aus die Möglichkeit der Erkenntnis (mittels der Kategorien) erweisen lässt.[33] In dem Dickicht bzw. der Unterbestimmtheit des kantischen Textes hinsichtlich der Frage, welche Deduktion als „objektive" und welche als „subjektive" bezeichnet werden kann,[34] liefert die Bezugnahme auf die analytische und die synthetische Methode einen verlässlichen Hinweis, um hier Klarheit ins Dunkel zu bringen.

Der wichtigste Punkt in der Unterscheidung zwischen objektiver und subjektiver Deduktion ist aber folgender: In der objektiven Deduktion *liegt* das maßgeblich die Erkenntnis Bedingende *bereits vor* (dadurch hat jede objektive Deduktion etwas Statisches). Wie wir sehen werden, betrifft das jeweils die *Erfahrung* überhaupt

---

[32] Wenn die Kategorien „objektiv deduziert" werden, dann wendet Kant insofern die analytische Methode an, als die Kategorien als „bedingt" im Sinne von *vorgegeben* angesehen werden (um dann zu den ermöglichenden Bedingungen ihrer objektiven Gültigkeit aufzusteigen). Wenn sie dagegen „subjektiv deduziert" werden, dann geht Kant von den subjektiven Erkenntnis*quellen* (dem „Einfachen") aus, um zu entwickeln, wie von dort aus der Gegenstandsbezug (das „Zusammengesetzte", denn Erkenntnisquelle und Gegenstand werden eben in ihrer Bezughaftigkeit – in ihrer Korrelationalität – aufgewiesen) erklärt werden kann.

[33] Wie am Ende der A-Deduktion sowie in der B-Deduktion deutlich wird, kann die objektive Deduktion aber auch noch so aufgefasst werden, dass sie von in der Anschauung gegebenen Gegenständen ausgeht und erweist, dass diese – zur Ermöglichung der Erkenntnis – unter die Kategorien subsumiert werden müssen.

[34] Eine ganz eigene (allerdings auch nicht unproblematische) Auslegung wurde diesbezüglich von Fernando Moledo vorgelegt, der die subjektive Deduktion mit der metaphysischen Deduktion und die objektive Deduktion mit der transzendentalen Deduktion gleichsetzt, F. Moledo, „Über die Bedeutung der objektiven und der subjektiven Deduktion der Kategorien", *Kant-Studien*, Berlin, W. de Gruyter, Band 106 (3), 2015, S. 418–429.

(§ 14), die *Erscheinungen* (A 128–130) und die „logische Funktion der *Urteile*" (§§ 19–20). Die objektive Deduktion zielt dann jeweils auf die objektive Gültigkeit der (durch die metaphysische Deduktion bereits erworbenen, also ebenfalls bereits vorliegenden) Begriffe a priori ab. Dabei gilt es, einsichtig zu machen, dass[35] diese objektive Gültigkeit darauf beruht, Erfahrung (der Form des Denkens nach) allein durch die Kategorien als *möglich* zu erweisen.[36] Die subjektive Deduktion geht dagegen von *nichts*, was bereits irgendwie vorgegeben wäre, aus, bzw. – etwas präziser formuliert – sie geht von den bloßen Erkenntnisquellen aus, *sofern sie auf die Möglichkeit, den Gegenstandsbezug überhaupt erst herzustellen, befragt werden*. In ihr wird somit der Gegenstandsbezug allererst erzeugt (und dadurch hat sie etwas Dynamisches[37]). Sie besteht, anders ausgedrückt, im Aufweis, „*wie* nun Erfahrung vermittelst jener Kategorien und nur allein durch dieselben möglich"[38] ist.

Der Hauptzweck für die Grundlegung der Erkenntnislehre in der *Kritik der reinen Vernunft* ist mit der objektiven Deduktion scheinbar erreicht. Die subjektive Deduktion fragt dennoch weiter, sie gräbt noch tiefer, nimmt sich eine genuin metaphysische Frage vor, nämlich: *Wie Erfahrung überhaupt* und nicht „bloß" die objektive Realität der Verstandesbegriffe a priori möglich ist. Sie zeigt auf, wie *vermittels der Produktivität* (= „Generativität") *der Einbildungskraft* die Erkenntnisfähigkeit der Kategorien ausgewiesen (das heißt: in ihrer Notwendigkeit oder Kategorizität offenbar gemacht) werden kann.[39] Wir haben es hierbei mit einer tieferen Stufe oder

---

[35] Diese „Dass-Perspektive" unterscheidet also die objektive Deduktion von der subjektiven Deduktion, welche die „Wie-Frage" zu beantworten sucht.

[36] KrV, B 126.

[37] Hiermit erweist sich, dass die phänomenologischen Kategorien der „Statizität" und der „Dynamizität" (bzw. „Genetizität") trefflich dazu geeignet sind, um zwischen der „objektiven" und der „subjektiven" Deduktion zu unterscheiden.

[38] I. Kant, *Metaphysische Anfangsgründe der Naturwissenschaft*, Vorrede, *Kants Werke*, Band IV, Berlin, W. de Gruyter, 1968, S. 475 (Fußnote).

[39] Indem Kant die Frage, „Was und wie viel kann Verstand und Vernunft, frei von aller Erfahrung, erkennen?", der *objektiven* Deduktion zuschreibt (A XVII), verwirrt er den Leser ein wenig. Denn diese Frage steht der Absicht der *subjektiven* Deduktion deutlich näher und wird auch von dieser umfassend beantwortet.

einer Problematik höheren Grades zu tun. Die objektive Deduktion mag „überzeugender" sein, räumt Kant ein, weil die objektive Realität analytisch aus der Gegebenheit der Erfahrung und vor allen Dingen aus der Voraussetzung der für die Erkenntnis notwendigen Vermitteltheit von Sinnlichkeit und Verstand gleichsam „herausgeklaubt" wird. (Gewissermaßen wird hier somit vorausgesetzt, was es doch zu beweisen gilt – eine Voraussetzung freilich, die man nicht *nicht* machen kann – auf dieses Problem wird weiter unten zurückzukommen sein). Es ist aber offenbar, dass Kant der subjektiven Deduktion die meiste Aufmerksamkeit geschenkt hat. Das ist auch folgerichtig. Denn die Beantwortung der „*Wie*-Frage" der Erfahrung überhaupt entspricht dem Grundanliegen einer Deduktion – nämlich nicht zu zeigen, *dass* etwas ist, sondern *warum* es gerechtfertigter und legitimer Weise so ist, wie es zu sein behauptet. Die subjektive Deduktion ist philosophisch erbaulicher, weil darin das produktive, „generative" Vermögen der Erkenntniskräfte durchscheint und angesetzt wird. Nach der genaueren Erläuterung der ersten objektiven Deduktion (im § 14) wird verständlich gemacht werden können, weshalb das Hauptziel der Kategoriendeduktion tatsächlich nur mit der subjektiven Deduktion erreicht wird.

Kant unterscheidet schließlich noch zwischen der Deduktion „von oben" und der Deduktion „von unten". Die *Deduktion von oben* geht vom höchsten Punkt des *oberen* Erkenntnisvermögens (= dem Verstand) aus, während die *Deduktion von unten* umgekehrt bei der Sinnlichkeit als *niederem* Erkenntnisvermögen ansetzt.

Noch zwei weitere Definitionen sind für die Kategorien-Deduktion sehr bedeutsam:

Objektive Realität. Der Begriff der „objektiven Realität" ist eine Begriffseigenschaft, die von Kant folgendermaßen definiert wird: Ein Begriff hat objektive Realität, wenn „er sich auf einen Gegenstand bezieh[t] und in demselben Bedeutung und Sinn"[40] hat. Über die „*realitas*" (= Sachhaltigkeit) hinaus wird dem Begriff hierbei also der Bezug zum Gegenstand zugeschrieben. Die Erweisung der Möglichkeit dieses Gegenstandsbezugs der Kategorien ist nun gerade die Hauptaufgabe der transzendentalen Kategoriendeduktion (siehe obige Definition). Dadurch wird unmittelbar klar, welche

---

[40] KrV, A 155/B 194; siehe auch A 109.

grundlegende Bedeutung jener Begriff der „objektiven Realität" für dieselbe hat.

Apperzeption. Der Begriff der „Apperzeption" wurde von Leibniz eingeführt. Er schrieb u. a. im Abschnitt 4 der auf Französisch verfassten *Prinzipien der Natur und der Gnade* (1714): „Es ist zweckmäßig, zwischen der Wahrnehmung (perception), die den inneren Zustand der die äußeren Dinge vorstellenden Monade [betrifft,] und der Apperzeption (aperception), die das Bewusstsein oder die reflexive Erkenntnis dieses inneren Zustands ist, zu unterscheiden." (Die „Monaden" bezeichnen bei Leibniz metaphysische, beseelte Punkte, die keine Ausdehnung besitzen, aber dennoch nicht immateriell sind; sie machen die unteilbaren ursprünglichen Substanzen aus, aus denen alle Realität besteht.) *Die Apperzeption beschreibt hier also jenes Verhältnis, dank welchem eine Wahrnehmung reflexiv bewusst ist.* Christian Wolff hat diesen Begriff der „apperceptio" von Leibniz übernommen und darauf hingewiesen, dass er Descartes' Begriff der „conscientia" entspricht. Damit wird hier noch *nicht* das Selbstbewusstsein eines *Subjekts* charakterisiert (es geht hierbei also zunächst lediglich um den Unterschied von „Wahrnehmung" [eines Gegenstandes] und „Bewusstheit" dieses Wahrnehmens). Ganz anders bei Kant: Der Verfasser der *Kritik der reinen Vernunft* wird die Apperzeption gerade dem Erkenntnissubjekt zuschreiben und sie als „*Selbstbewusstsein*" verstehen.

Er unterscheidet spezifischer zwischen „empirischer" und „reiner Apperzeption". Die empirische Apperzeption ist das „psychologische Ich", das von Kants Vorgängern auch als „innerer Sinn" bezeichnet wurde (Kant gibt dagegen dem „inneren Sinn" eine völlig neue Bedeutung [nämlich er setzt dessen Form mit der Zeit gleich]). Es handelt sich dabei also schlicht um das „empirische Bewusstsein", das „jederzeit wandelbar" ist.[41] Um nun erklären zu

---

[41] Hierüber bestand bei Kants Vorgängern große Uneinigkeit. Während Descartes gemeinhin (aber nicht unbedingt berechtigter Weise) die Auffassung eines Ego qua identischer und beharrlicher „substantia cogitans" (= denkende Substanz) zugeschrieben wird, merkte Hume im Kapitel über „personale Identität" im *Treatise of human nature* (Buch 1, Teil 4, Abschnitt 6) an, dass er in seinem Bewusstseinsfluss keine beharrliche Identität des Selbst aufzufinden vermöge und dieses daher höchstens als „bundle or collection of different perceptions" aufzufassen bereit sei. Kant steht Hume zwar darin bei, dass auf *empirischem* Wege kein identisches Selbst festzustellen sei. Er lehnt es aber ab, *jeglicher* Identität des Selbst zu entsagen.

können, wie die „Identität" des Selbstbewusstseins möglich ist, führt Kant den Begriff der „reinen Apperzeption" ein. Diese ist eine „einfache und für sich selbst an Inhalt gänzlich leere Vorstellung",[42] von der Kant zeigen wird, dass sie eine notwendige Bedingung des Denkens und schließlich auch des Erkennens ist. Dabei ist sie *nichts für sich Bestehendes*, sondern nur ein in Bezug auf sein Denken und Urteilen zu Fassendes. Sehr treffend wird sie von Wolfgang Carl charakterisiert: „Die reine Apperzeption, als ein Bewusstsein des ‚Ich der Reflexion', ist [...] kein Bewusstsein eines Wesens, das denkt, sondern ein Bewusstsein der Form, in der Gedanken gedacht werden."[43] In *diesem Sinne* ist die „reine Apperzeption [...] ein Bewusstsein eines numerisch identischen Ich als Subjekt aller meiner Gedanken".[44] Die reine Apperzeption qua Bewusstsein eines numerisch identischen Ich ist also nichts weiter als eine *Form*. Sie ist über Raum und Zeit als Formen der Anschauung und den Kategorien als Formen des Denkens eines Gegenstandes überhaupt eine dritte Form – nämlich die Form des *Bewusstseins überhaupt*. Wie gesagt, die reine Apperzeption (bzw. das reine Bewusstsein) darf keinesfalls als etwas *Substanzielles* aufgefasst werden.

Es muss betont werden, dass Kant – neben der schon erwähnten Ausnahme – einer der ersten Philosophen ist, die der Apperzeption eine solch hervorgehobene Stellung innerhalb der Erkenntnislehre zukommen lassen. Dieser Gedanke wird von seinen Nachfolgern (Fichte, Schelling, Hegel) aufgenommen und tiefer ausgestaltet.

---

[42] KrV, A 345/B 404.
[43] W. Carl, *Die Transzendentale Deduktion der Kategorien in der ersten Auflage der* Kritik der reinen Vernunft. *Ein Kommentar*, Frankfurt am Main, Klostermann, 1992, S. 65.
[44] Ebd., S. 67.

1. Erste objektive Deduktion

Kant hat die Kategorien-Deduktion zwei Mal ausgearbeitet. Auf den Unterschied beider Deduktionen, also auf die Notwendigkeit, nach der ersten auch noch eine zweite Fassung auszuarbeiten, sowie auf die Änderungen, welche die Deduktion in der zweiten Auflage erfahren hat, wird ausführlicher einzugehen sein. Beiden Fassungen der Deduktion vorangestellt sind die folgenden ersten beiden Absätze des § 14, die eine erste *objektive Deduktion* darlegen.

Es sind nur zwei Fälle möglich, unter denen synthetische Vorstellung und ihre Gegenstände zusammentreffen, sich auf einander notwendiger Weise beziehen, und gleichsam einander begegnen können. Entweder wenn der Gegenstand die Vorstellung, oder diese den Gegenstand allein möglich macht. Ist das erstere, so ist diese Beziehung *nur empirisch* [hervorgehoben v. Vf.] und die Vorstellung ist niemals a priori möglich. Und dies ist der Fall mit Erscheinung, in Ansehung dessen, was an ihnen zur Empfindung gehört. Ist aber das zweite, weil Vorstellung an sich selbst […] ihren Gegenstand *dem Dasein nach* nicht hervorbringt, so ist doch die Vorstellung in Ansehung des Gegenstandes alsdann a priori bestimmend, *wenn durch sie allein es möglich ist, etwas als einen Gegenstand zu erkennen* [hervorgehoben v. Vf.]. Es sind aber zwei Bedingungen, unter denen allein die Erkenntnis eines Gegenstandes möglich ist, erstlich *Anschauung*, dadurch derselbe, aber nur als Erscheinung, gegeben wird; zweitens *Begriff*, dadurch ein Gegenstand gedacht wird, der dieser Anschauung entspricht. Es ist aber aus dem obigen klar, dass die erste Bedingung, nämlich die, unter der allein Gegenstände angeschaut werden können, in der Tat den Objekten der Form nach a priori im Gemüt zum Grunde liegen. Mit dieser formalen Bedingung der Sinnlichkeit stimmen also alle Erscheinungen notwendig überein, weil sie nur durch dieselbe erscheinen, d. h. empirisch angeschaut und gegeben werden können. Nun fragt es sich, ob nicht auch Begriffe a priori vorausgehen, als Bedingungen, unter denen allein etwas, wenngleich nicht angeschaut, dennoch als Gegenstand überhaupt gedacht wird, denn alsdann ist alle empirische Erkenntnis der Gegenstände solchen Begriffen notwendiger Weise gemäß, weil ohne deren Voraussetzung *nichts als Objekt der Erfahrung möglich ist* [hervorgehoben v. Vf.]. Nun enthält aber alle Erfahrung außer der Anschauung der Sinne, wodurch etwas gegeben wird, noch einen *Begriff* von einem Gegenstand, der in der Anschauung gegeben wird, oder erscheint: demnach werden Begriffe von Gegenständen überhaupt, als Bedingungen a priori aller Erfahrungserkenntnis zum Grunde liegen: *Folglich*

1. Erste objektive Deduktion

wird die objektive Gültigkeit der Kategorien, als Begriffe a priori, darauf beruhen, dass durch sie allein Erfahrung (der Form des Denkens nach) möglich sei [hervorgehoben v. Vf.]. Denn alsdann beziehen sie sich notwendiger Weise und a priori auf Gegenstände der Erfahrung, weil nur vermittelst ihrer überhaupt irgendein Gegenstand der Erfahrung gedacht[45] werden kann.

Die transzendentale Deduktion aller Begriffe a priori hat also ein Prinzip, worauf die ganze Nachforschung gerichtet werden muss, nämlich dieses: dass sie *als Bedingungen a priori der Möglichkeit der Erfahrungen erkannt werden müssen* [hervorgehoben v. Vf.] (es sei der Anschauung, die in ihr angetroffen wird, oder des Denkens). Begriffe, die den objektiven Grund der Möglichkeit der Erfahrung abgeben, sind eben darum notwendig. Die Entwicklung der Erfahrung aber, worin sie angetroffen werden, ist nicht ihre Deduktion (sondern Illustration), weil sie dabei doch nur zufällig sein würden. Ohne diese ursprüngliche Beziehung auf mögliche Erfahrung, in welcher alle Gegenstände der Erkenntnis vorkommen, würde die Beziehung derselben auf irgendein Objekt gar nicht begriffen werden können.

Zu *genau dieser Stelle* schrieb Kant in der Vorrede der ersten Auflage, dass, falls „meine subjektive Deduktion nicht die ganze Überzeugung, die ich erwarte, bei ihm [scil. dem Leser] gewirkt hätte, doch die objektive <Deduktion>, um die es mir hier vornehmlich zu tun ist, ihre ganze Stärke bekomme […]".[46]

Das würde bedeuten, dass im ersten Absatz des § 14, wenn nicht die *gesamte* objektive Deduktion, so zumindest ihr *Prinzip* in „ganzer Stärke" dargelegt sei. Das Hauptargument in diesem § 14 ist, dass die Kategorien deswegen „objektive Realität" haben, weil „durch sie allein Erfahrung (der Form des Denkens nach) möglich" ist, bzw. weil „sie als Bedingungen a priori der Möglichkeit der Erfahrungen erkannt werden müssen". Noch einmal ganz klar formuliert: *Die objektive Deduktion erweist die „objektive Realität" der Kategorien dadurch, dass nur dank der Kategorien Erfahrung* ÜBERHAUPT MÖGLICH IST. Sie legt fest, dass – ausgehend von der Gegebenheit der Kategorien – anschauliche Gegenstände nur mittels der letzteren gedacht werden können und die Gegenstände der Anschauung somit

---

[45] Diese Formulierung nähert sich dagegen eher der Aufgabe an, die in der subjektiven Deduktion in Angriff genommen wird. Am Ende der A-Deduktion wird sich Kant auf eine, dieser Verflechtung entsprechenden Weise bemühen, das durch die subjektive Deduktion Geleistete mit den erklärten Absichten der objektiven Deduktion in Einklang zu bringen (s. u.).

[46] KrV, A XVII.

notwendiger Weise unter die Kategorien subsumiert werden müssen. *Das ist ein ganz wichtiger Ausgangspunkt, der nicht stark genug betont werden kann*, denn hiermit wird deutlich, inwiefern durch die objektive Deduktion gewährleistet wird, *dass* die Kategorien Erfahrung möglich machen. Die Erklärung des *Wie* dieser Ermöglichung ist dann die Aufgabe der subjektiven Deduktion.

Man kann diese Argumentation jedoch hinterfragen. Man kann nämlich dem Bedenken nachgehen, ob die Beweisschritte im § 14 im Grunde nicht unbefriedigend sind. Erschleicht sich Kant nicht mit der *Behauptung*, zur Möglichkeit der Erfahrung gehören Anschauungen und Begriffe, von vornherein *das, was doch allererst bewiesen werden sollte*? Ist somit die Zwei-Stämme-Konzeption innerhalb der kantischen Erkenntnislehre nicht in Wirklichkeit das, was zuerst begründet werden müsste? Damit ist näherhin gemeint, dass gerechtfertigt werden muss, weshalb über die Gegebenheit des Gegenstandes in der Anschauung hinaus, auch das *Denken des Gegenstandes* angenommen werden muss. Jedenfalls kann man sagen, und das soll festgehalten werden, dass die objektive Deduktion tatsächlich nur unter der Annahme der Zwei-Stämme-Lehre (und dabei insbesondere unter jener des notwendigen *Denkens* des Gegenstandes) Gültigkeit haben kann. In der hier vorgeschlagenen Interpretation macht sich die subjektive Deduktion nun genau die Beantwortung dieser Frage (also die nach der Möglichkeit des Denkens des Gegenstandes) zur Aufgabe und hält dafür auch eine Lösung bereit.

Denn in der Tat steht das soeben Behauptete in einem nicht unerheblichen Widerspruch zum eigentlichen Beweisziel der Kategoriendeduktion. Es stellt sich nämlich die grundsätzliche Frage, ob die „objektive Deduktion" hier tatsächlich – wie von Kant behauptet – „ihre ganze Stärke" bekomm(en ha)t. Wodurch ist gesichert, dass der Gedanke, nur „vermittelst ihrer könne überhaupt irgendein Gegenstand der Erfahrung gedacht werden", nicht doch ein „Hirngespinst" ist? Das *Denken* eines Gegenstandes könnte doch ein *bloßes* Denken sein – was nicht gewährleistete, dass ihm auch tatsächlich etwas in der Wirklichkeit entspricht. Und wenn die Kategoriendeduktion darlegen soll, „wie sich Begriffe a priori auf Gegenstände beziehen können", und die subjektive Deduktion erklärt, wie „das Vermögen zu denken selbst möglich" ist – Denken für Kant aber je einen *Gegenstand* zu denken bedeutet –, dann wird klar, und dies ist die Haupthypothese dieser Untersuchung, die in der folgenden Auslegung der Kategorien-Deduktion bewiesen werden soll, weshalb ihr *eigentliches Hauptgeschäft* in der *subjektiven Deduktion* besteht (der Kant ja auch *quantitativ* den viel größeren Teil gewidmet hat).

2. Die A-Deduktion

Kommen wir nun zu den wesentlichen Thesen der Kategorien-Deduktion in der ersten Auflage der *Kritik der reinen Vernunft*. Worin besteht die Struktur derselben?

Struktur der A-Deduktion

Die A-Deduktion zerfällt in drei Abschnitte, die allerdings vier Fassungen der Deduktion der reinen Verstandesbegriffe enthalten. Jede dieser Fassungen hat einen eigenen Gehalt, an keiner Stelle beschränkt sich Kant auf bloße Wiederholungen: erstens, die „Synthesen-Deduktion" (sie ist im zweiten Abschnitt der Kategorien-Deduktion enthalten); zweitens, die Deduktion „von oben"; drittens, die Deduktion „von unten" (beide gehören zum dritten Abschnitt der Kategorien-Deduktion). Diese drei Deduktionen sind jeweils subjektive Deduktionen.[47] Viertens schließt sich noch eine zweite objektive Deduktion (über die des § 14 hinaus) an, die in der „Summarischen Vorstellung der Richtigkeit und einzigen Möglichkeit dieser Deduktion der reinen Verstandesbegriffe" vorgelegt wird.

Vorbemerkungen zur „Synthesen-Deduktion"

Zunächst muss hervorgehoben werden, dass ab Seite A 95 eine erste *subjektive Deduktion* beginnt, die aus unmittelbar einsichtigen Gründen als „Synthesen-Deduktion" bezeichnet werden kann (denn sie führt drei Verstandessynthesen ein, die ein völlig neues

---

[47] Es wird damit von Rainer Schäfers sonst sehr einsichtsvollen Auffassung abgewichen, dass allein die „Synthesen-Deduktion" (A 98–A 110) eine subjektive Deduktion sei, während der dritte Abschnitt der A-Deduktion (A 115–A 130) eine objektive Deduktion enthalte, *Kategoriendeduktion in der klassischen deutschen Philosophie*, N. Bickmann, L. Heckenroth, R. Schäfer (Hsg.), Berlin, Duncker & Humblot, 2020, S. 9.

Erkenntniselement innerhalb der „transzendentalen Analytik" ausmachen). Was spricht dafür, dass es sich hierbei in der Tat um eine subjektive Deduktion handelt?

Es ist auffällig, dass für Kant bereits zu Anfang der A-Deduktion feststeht, dass die Kategorien „lauter Bedingungen a priori zu einer möglichen Erfahrung sein müssen".[48] Hiermit wird zum Ausdruck gebracht, *dass* die objektive Deduktion bereits *abgeschlossen* ist, denn die Möglichkeit der Erfahrung, die ja der objektiven Deduktion zufolge auf den Kategorien beruht, wird hier ganz explizit als *schon gegeben* angesehen. Kant erklärt, dass der *nächste* Schritt nun darin bestehen müsse, zu untersuchen, „welches die Bedingungen a priori seien, worauf die Möglichkeit der Erfahrung ankommt,"[49] bzw., gemäß dem obigen Zitat aus den *Metaphysischen Anfangsgründen der Naturwissenschaft*, „wie [...] Erfahrung vermittelst jener Kategorien und nur allein durch dieselben möglich"[50] ist. Mit der nun zu liefernden Antwort auf die „Wie-Frage" geht Kant somit über die objektive Deduktion hinaus, um sich der Erklärung der Möglichkeit der Erfahrung überhaupt – und das heißt: hinsichtlich ihrer subjektiven Bedingungen („Quellen") – zuzuwenden. Das wird die folgende Aufgabe sein, die sich dadurch in der Tat als subjektive Deduktion erweist, da diese sich ihrerseits genau dasselbe Ziel setzt. Zur Bestätigung kann noch folgender Passus herbeigezogen werden:

[E]s ist schon eine hinreichende Deduktion <der Kategorien> und Rechtfertigung ihrer objektiven Gültigkeit, wenn wir beweisen können, dass vermittels ihrer allein ein Gegenstand gedacht werden kann. Weil aber in einem solchen Gedanken mehr als das einzige Vermögen zu denken, nämlich der Verstand beschäftigt ist, und dieser selbst, als ein Erkenntnisvermögen, das sich auf Objekte beziehen soll, ebenso wohl einer Erläuterung, wegen der Möglichkeit dieser Beziehung, bedarf, so müssen wir die *subjektiven Quellen, welche die Grundlage a priori zu der Möglichkeit der Erfahrung ausmachen*, nicht nach ihrer empirischen, sondern *transzendentalen* Beschaffenheit zuvor erwägen.[51]

---

[48] KrV, A 95.
[49] KrV, A 95f.
[50] I. Kant, *Metaphysische Anfangsgründe der Naturwissenschaft*, Vorrede, Kants Werke, W. de Gruyter, Band IV, S. 475 (Fußnote).
[51] KrV, A 96f. (hervorgehoben v. Vf.).

2. Die A-Deduktion

Es sollen also die „subjektiven" und zugleich „transzendentalen" „Quellen" aufgesucht werden – was eindeutig belegt, dass es sich hier in der Tat um eine subjektive Deduktion handelt. Sehr bemerkenswert ist, dass *nur so* die „Grundlage a priori zu der Möglichkeit der Erfahrung" aufgewiesen werden kann. Die subjektive Deduktion gehört somit, wie gesagt, sehr wohl zu den „wesentlichen Zwecken" einer transzendentalen Deduktion überhaupt (im Gegensatz zu dem, was Kant in der ersten Vorrede angedeutet hatte).

Welches sind nun aber die hierfür näher auseinanderzulegenden „subjektiven Erkenntnisquellen"? Sinn, Einbildungskraft und Apperzeption. Diese drei Begriffe fallen nicht einfach mit den in den vorigen Kapiteln der *Kritik der reinen Vernunft* behandelten *Erkenntnisvermögen* zusammen. Zum einen kommt hier zur Sinnlichkeit und dem Verstand ein drittes Vermögen – die Einbildungskraft – hinzu. Darüber hinaus stehen an der Stelle von „Sinnlichkeit" und „Verstand" jeweils „Sinn" und „Apperzeption". Das ist keine zufällige Benennung. Kant hat hier eine bestimmte Absicht, denn er zählt ausdrücklich nicht „Erkenntnisvermögen", sondern „Erkenntnisquellen" auf. Diese liegen jenen gleichsam zugrunde.

„Sinn" steht hier für den „inneren Sinn". In einer „allgemeinen Anmerkung"[52] betont Kant, dass in der gesamten Kategorien-Deduktion beachtet werden muss, dass *alle* unsere Vorstellungen der Zeit – als der Form jenes inneren Sinns – unterworfen sind (hierauf wird gleich ausführlicher zurückzukommen sein). Die „Einbildungskraft" wurde vor dem Deduktions-Kapitel noch nicht erwähnt. Später, im Schematismus-Kapitel, behauptet Kant bezüglich des Schematismus der Einbildungskraft, dass dieser „in Ansehung der Erscheinungen und ihrer bloßen Form, […] eine *verborgene Kunst in den Tiefen der menschlichen Seele* <ist>, deren wahre Handgriffe wir der Natur schwerlich jemals abraten, und sie unverdeckt vor Augen legen werden".[53] Diese „verborgene Kunst" tut eine zweite „Quelle" auf, die womöglich die beiden „Stämme" der Erkenntnis (Sinnlichkeit und Verstand) als ursprünglich zusammengehörig erweisen könnte (darüber lässt sich Kant selbst aber nicht weiter aus).

---

[52] KrV, A 99.
[53] KrV, A 141/B 180f. (hervorgehoben v. Vf.).

Ein anderer „Einheitspunkt"[54] stellt die weiter oben bereits einleitend erläuterte „Apperzeption" dar. In der B-Auflage wird Kant sie als „höchsten Punkt" der Transzendentalphilosophie bezeichnen.[55] Wem dabei aber der Vorrang zuerkannt werden muss – der transzendentalen *Einbildungskraft* oder der transzendentalen *Apperzeption* –, das wird sich erst im weiteren Verlauf dieser Erläuterungen ergeben können.

Was jene subjektiven Erkenntnisquellen grundlegend kennzeichnet, ist, dass sie die Vorstellungen gemeinsam *verknüpfen*. Das, was diese Verknüpfungen genau auszeichnet, nennt Kant „Synthese". Jeder Quelle wird daher eine eigene Syntheseart zugeordnet, die zusammen allererst den „Verstand […] möglich machen".[56] Diese „dreifache Synthesis"[57] besteht aus „der *Apprehension* der Vorstellungen, als Modifikationen des Gemüts in der Anschauung, der *Reproduktion* derselben in der Einbildung und ihrer *Rekognition* im Begriff".[58] Kommen wir nun zum eigentlichen Inhalt der „Synthesen-Deduktion".

---

[54] In einem Manuskript, das wahrscheinlich Ende 1790 entstanden ist („Der Transzendentalen ElementarLehre. Zweiter Teil", R. Lauth & H. Jacob [Hsg.], J. G. Fichte-Gesamtausgabe, Band II, 1, „Nachgelassene Schriften 1780–1791", Stuttgart-Bad Cannstatt, Frommann-Holzboog, 1962, S. 311f.) hat Fichte darauf hingewiesen, dass die „Einheit" der Apperzeption nicht jene der Kategorie der „Quantität" ist, sondern eine qualitative „Einerleiheit" (Identität) bezeichnet, deren systematische Bedeutung u. a. darin besteht, dass in einem größeren Zusammenhang als dem der tabellarischen Aufstellung der Kategorien der *Qualität der Vorrang gegenüber der Quantität* eingeräumt werden muss. Dies ist der Ausgangspunkt einer Umkehrung gegenüber der kantischen Darstellung, die dann nicht nur in der *Grundlage der gesamten Wissenschaftslehre* von 1794/95 ausführlicher entwickelt, sondern auch für Schelling und Hegel maßgeblich sein wird.

[55] KrV, B 134.
[56] KrV, A 97f.
[57] Ob es drei Seiten *einer* Synthese oder *drei* unterschiedliche Synthesen sind, wird von Kant nicht näher präzisiert, es scheint aber doch offensichtlich, dass zusammenfassende, reproduzierende und erinnernde Vereinigungsleistungen unterschiedliche Synthese-Arten ausmachen. Heidegger widerspricht dem und sieht in diesen drei Synthesen drei Modi der reinen Synthesis der Einbildungskraft (siehe den „Exkurs").
[58] KrV, A 97.

2.1. Die „Synthesen-Deduktion"

Für die Erfahrungs- und Erkenntnisbegründung kommen über die (reinen) Anschauungen und die (reinen) Begriffe hinaus, so wie diese in der transzendentalen Ästhetik und im ersten Hauptstück der Analytik der Begriffe aufgestellt wurden, hier *Synthesen* ins Spiel. Synthesen sind je Synthesen des *Verstandes*. Weshalb führt Kant nun diese Synthesen ein? Und welche Funktion nehmen sie innerhalb des Erkenntnisprozesses ein? Um hierauf antworten zu können, muss der „Synthese"-Begriff bei Kant kurz erläutert werden.

Es gibt drei bedeutende, relativ unterschiedliche Definitionen des Begriffs der „Synthese".

Zum einen wird „synthetisch" von Kant als *Eigenschaft von Urteilen* aufgefasst (dieser Begriff bezeichnet hier eine *Erkenntniserweiterung*, wodurch über die Nominaldefinition des Urteilssubjekts hinausgegangen wird).

Darüber hinaus macht das synthetische Verfahren eine besondere philosophische *Methode* aus (im Gegensatz zum analytischen Verfahren – davon war bereits oben kurz die Rede): Die synthetische Methode geht von den Teilen aus, um von dort zum Ganzen zu gelangen. Die analytische Methode geht dagegen vom Ganzen aus, um es in seine Teile zu zergliedern. Man kann das auch so ausdrücken: Die synthetische Methode geht vom Bedingenden bzw. den Bedingungen aus, um von dort *progressiv* zum Bedingten zu gelangen. Die analytische Methode geht dagegen vom Bedingten aus, um *regressiv* seine Bedingungen bzw. das es Bedingende aufzuweisen.

Eine dritte Bedeutung der Synthese besteht im gerade schon angesprochenen Sinn der „Verknüpfung" bzw. „Verbindung". Diese Bedeutung ist für die Kategorien-Deduktion maßgeblich.[59]

Einerseits wird in der Kategoriendeduktion gezeigt, dass über die in der transzendentalen Elementarlehre behandelten *Vorstellungsarten* hinaus auch *Verbindungsarten* Berücksichtigung finden müssen – nämlich Verbindungen *innerhalb* jeder einschlägigen Vorstellung und auch Verbindungen *zwischen* den unterschiedlichen

---

[59] Weiter unten wird verdeutlicht, welche Synthese-Begriffe bei der Verbindung von Verstand und Einbildungskraft noch zusätzlich ins Spiel kommen.

Vorstellungsarten. Die Synthesen sind nichts anderes als diese Verbindungsarten. Andererseits wird deutlich gemacht, dass die starre Grenze, die Sinnlichkeit und Verstand bisher voneinander trennte, *überschritten* werden muss. Diese Grenze wird vom Transzendentalphilosophen zunächst künstlich errichtet, um die Erkenntniselemente präzise bestimmen und voneinander scheiden zu können. In der tatsächlichen Erkenntnis gibt es eine solche Grenze nicht, sie ist daher im Folgenden auch nicht mehr maßgeblich.

Bis hierher hatte Kant eingehend Sinnlichkeit und Verstand – als Hauptstämme der Erkenntnis – und ihre entsprechenden Vorstellungsarten untersucht. Zu diesen beiden Erkenntnisvermögen gesellt sich nun noch, wie schon gesagt, ein drittes hinzu – die Einbildungskraft. Wie wir sehen werden, besteht deren Rolle darin, dafür zu sorgen, dass sich die Anschauungen und die Begriffe, die ja nicht „gleicher Art" sind, konkret aufeinander beziehen können. Genau für diesen Zweck wird nun der hier maßgebliche Synthese-Begriff eingeführt. Sinnlichkeit, Einbildungskraft und Verstand haben also über ihre eigene Vorstellungsart[60] hinaus auch ihre ihnen eigens zukommende Syntheseart. Diese drei Synthesearten werden in der Synthesen-Deduktion jeweils einzeln vorgestellt.

Es wurde bereits erwähnt, dass Kant im ersten Absatz der ersten Synthese explizit betont, dass es in dieser ersten Deduktion der A-Auflage insbesondere auf die *Zeit* ankommt.[61] Das allgemeine Prin-

---

[60] Die der Einbildungskraft eigens zukommende Vorstellungsart ist das „Schema", während die „bestimmende Urteilskraft" das Vermögen ist, Besonderes (diese oder jene Anschauung) unter ein vom Verstand bereitgestelltes Allgemeines (hier: die Kategorien) *vermittels dieser Schemata der Einbildungskraft* zu subsumieren. Hierzu mehr im Anhang I, der dem an das Deduktions-Kapitel sich anschließenden ersten Hauptstück („Von dem Schematismus der reinen Verstandesbegriffe") des zweiten Buchs der transzendentalen Analytik gewidmet ist.

[61] „Unsere Vorstellungen mögen entspringen, woher sie wollen, ob sie durch den Einfluss äußerer Dinge, oder durch innere Ursachen gewirkt seien, sie mögen a priori, oder empirisch als Erscheinungen entstanden sein; so gehören sie doch als Modifikationen des Gemüts zum inneren Sinn, und *als solche sind alle unsere Erkenntnisse zuletzt doch der formalen Bedingung des inneren Sinnes, nämlich der Zeit unterworfen*, als in welcher sie insgesamt geordnet, verknüpft und in Verhältnisse gebracht werden müssen. Dieses ist eine allgemeine Anmerkung, *die man bei dem Folgenden durchaus zum Grunde legen muss*" (A 98f.) (hervorgehoben v. Vf.).

zip dieser ersten Deduktion besteht in Folgendem: Alle Vorstellungen sind je Modifikationen des Gemüts; als solche unterliegen sie der formalen Bedingung des inneren Sinns – der Zeit –, die deren Ordnung, Verbindung und Verknüpfung gewährleistet und sicherstellt. Welche Rolle spielt nun die Zeit in der apriorischen Beziehung der Kategorien zu den Objekten? Sie muss in allen drei Fällen als Bedingung a priori der Gegebenheit der Erscheinungen berücksichtigt werden. Das Beweisprinzip der drei Synthesen beruht dann auf einem und demselben, schon in der transzendentalen Ästhetik in Anspruch genommenen Argument, wonach nämlich die empirische Anschauung (hier: die jeweilige empirische Synthese) immer schon eine reine Anschauung (reine Synthese) voraussetzt. Die Synthesen sind somit – für die Erklärung der Möglichkeit der Erfahrung überhaupt – nicht nur auf der empirischen Ebene, sondern vor allem auch auf der apriorischen Ebene in ihrer Notwendigkeit ausweisbar, da die reinen Anschauungen Raum und Zeit ja Bedingungen der Erfahrung sind (nämlich der *Gegebenheit* von Gegenständen) und ihrerseits auf diesen Synthesen gründen. Wir werden also sehen, dass Kant jedes Mal eine *empirische* Synthese ausfindig macht (in der die transzendentale Synthese aber bereits wirksam ist), bevor die Notwendigkeit erwiesen wird, ebenso eine ihr jeweils zugrunde liegende *reine* Synthese anzunehmen, die jedes Mal auf die Zeit angewandt wird.

Synthesis der Apprehension in der Anschauung
Wie kommt zunächst einmal überhaupt die *Anschauung*[62] zustande, auf die sich ja eine jede Erkenntnis beziehen muss? Dadurch, dass in einem ersten Schritt ein *Mannigfaltiges* in *einer* Vorstellung zusammengefasst wird. Wie kann das konkret bewerkstelligt werden? Hierfür muss das Mannigfaltige nach und nach *durchlaufen* und *zusammengenommen* werden. Den Akt, der genau das leistet, bezeichnet Kant als (empirische) „Apprehension" (vom Lateinischen „apprehendere" = fassen, ergreifen). Was versteht Kant genau unter dieser „Apprehension"?

---

[62] Zwar ist die „Anschauung" im Titel dieser ersten Synthese enthalten. Das kann jedoch zu einem Missverständnis Anlass geben, denn sie kommt in Wirklichkeit nur durch Apprehension *und* Reproduktion zustande. Das geht aus Kants Einsicht hervor, dass eine Apprehension des Mannigfaltigen die Reproduktion zur transzendentalen *Voraussetzung* hat (s. u.).

An drei Stellen in Kants Werk wird das näher ausgeführt. Im Beweis der „Axiome der Anschauung" in der zweiten Auflage der *Kritik der reinen Vernunft* wird das „Apprehendieren" als Aufnehmen von Erscheinungen „ins empirische Bewusstsein" bezeichnet.[63] In der *Kritik der Urteilskraft* (1790) wird an mehreren Stellen der Begriff der „Apprehension" explizierend mit dem der „Auffassung" gleichgesetzt. Die *Anthropologie in pragmatischer Hinsicht* (1798) führt dazu näher aus, dass diese Auffassung eine solche „von Eindrücken"[64] ist. Hiermit bringt Kant eine Erläuterung zum Begriff der „Erscheinung" an, der in der transzendentalen Ästhetik eingeführt wurde. Durch die Apprehension wird nämlich verständlich, wie in der Wirkung des Gegenstandes auf die Vorstellungsfähigkeit durch Empfindung diese Empfindung zu einer bewusst erlebten Vorstellung (d. h. zu einer wahrgenommenen Erscheinung) wird. In der *Anthropologie* bezeichnet Kant daher die Apprehension auch als einen Akt „mit Bewusstsein".[65]

Dieses „Bewusstsein" hat eine weitere wichtige Bedeutung. Es handelt sich dabei nicht bloß – wie es der Ausdruck „Auffassung von Eindrücken" vielleicht nahelegen könnte – um eine *passive* Registrierung dieser Eindrücke. Wolfgang Carl hat völlig richtig angemerkt, dass das Vermögen der Anschauung, wie Kant es an mehreren Stellen selbst sagt, als ein „bildendes Vermögen" – „facultas formandi" – verstanden werden muss. So schreibt Kant in der *Metaphysik-Vorlesung* „L₁": „Mein Gemüt ist jederzeit beschäftigt, das Bild des Mannigfaltigen, indem es es durchgeht, sich zu formieren. Z. E. wenn ich eine Stadt sehe, so formiert sich das Gemüt von dem Gegenstand, den es vor sich hat, ein Bild, indem es das Mannigfaltige durchläuft."[66]

Der Akt der Apprehension ist notwendiger Weise ein *synthetischer* Akt – Kant nennt ihn eine (empirische) „Synthesis der Apprehension". Das darf nicht so verstanden werden, wie Heidegger treffend

---

[63] KrV, B 202.

[64] I. Kant, *Anthropologie in pragmatischer Hinsicht*, § 7, Hamburg, F. Meiner, 1980, S. 32.

[65] *Anthropologie in pragmatischer Hinsicht*, § 4, S. 21. An dieser (späten) Stelle wird die Apprehension mit der empirischen Apperzeption gleichgesetzt und somit auf die Ebene der Empirie eingeengt.

[66] I. Kant, *Akademie-Ausgabe*, Band 28, S. 236; zitiert von W. Carl, *Die transzendentale Deduktion der Kategorien*, S. 145.

2. Die A-Deduktion

hervorhebt, dass es sich dabei um einen „nachträglichen Akt des Denkens"[67] handelt. Die Synthesis gehört vielmehr einerseits zur Anschauung selbst, und zwar so, dass diese in jener verwurzelt ist. Andererseits gehört sie aber auch zum Verstand, weil dieser ja allein das verknüpfende Vermögen ist. Diese Zweideutigkeit wird zunächst von Kant nicht näher erläutert oder begründet. In der Deduktion „von unten" ist er sich dann aber der Tatsache, dass hier wirklich eine Zweideutigkeit vorliegt und diese offenbar auf die *Einbildungskraft* verweist, bewusst geworden, denn er betont (und zwar gegen Tetens, siehe unten):

Dass die Einbildungskraft ein notwendiges Ingredienz der Wahrnehmung selbst sei, daran hat wohl noch kein Psychologe gedacht. Das kommt daher, weil man dieses Vermögen teils nur auf Reproduktionen einschränkte, teils, weil man glaubte, die Sinne lieferten uns nicht allein Eindrücke, sondern setzten solche auch sogar zusammen, und brächten Bilder der Gegenstände zuwege, wozu ohne Zweifel außer der Empfänglichkeit der Eindrücke, noch etwas mehr, nämlich eine Funktion der Synthesis derselben erfordert wird.[68]

Auf welche Weise die Einbildungskraft hier genau hineinspielt und welchen Status sie hat – dazu später mehr.

Wie kommen wir nun aber von der Aufweisung der Notwendigkeit einer *empirischen* Synthese der Apprehension zu einer *reinen* Synthese derselben? Durch die (genuin transzendentale) Argumentation, die oben bereits umrissen wurde. *Jede* Erfahrung enthält Raum und Zeit.[69] Raum und Zeit (qua „formale Anschauungen") können aber nur ihrerseits durch die Synthese der Mannigfaltigkeit erzeugt werden – also, gleichfalls, durch Apprehension. Diese kann aber nicht die gerade angesprochene *empirische* Synthese der Apprehension sein, da Raum und Zeit ja *a priori* sind. *Also muss*, so lautet Kants Schlussfolgerung, *für die Möglichkeit der Erfahrung eine reine Synthesis der Apprehension angenommen werden*. Diese reine Synthese kann nicht direkt beschrieben werden, sie ist lediglich eine *Möglichkeitsbedingung*

---

[67] *Phänomenologische Interpretation von Kants* Kritik der reinen Vernunft, S. 346.

[68] KrV, A 120 (Fußnote).

[69] Hier macht Kant noch nicht die Unterscheidung zwischen „Form der Anschauung" und „formaler Anschauung"; siehe dazu den § 26 der B-Deduktion.

der Erfahrung. Ihre *Rechtfertigung* wird durch die soeben herausgestellte transzendentale Argumentation geliefert.

Synthesis der Reproduktion in der Einbildung
Kants Beweis*ziel* in der zweiten Synthese ist klar. Die *Durchführung* des Beweises dagegen ist weniger eindeutig, wenn nicht gar (zumindest teilweise) irreführend. Das liegt daran, dass in dieser Synthesis zwei völlig unterschiedliche Punkte berührt werden.

Zum einen geht es um die Frage, wie eine aktuelle Wahrnehmung mit einer vorangegangenen Vorstellung synthetisch vereinigt werden kann (darin besteht der zweite Schritt des Zustandekommens der Anschauung). Zum anderen wirft Kant aufs Neue das im 18. Jahrhundert häufig gestellte Problem auf, worauf das „Assoziationsgesetz" in der Erfahrung gründet. Dieses „Assoziationsgesetz" wurde u. a. von Locke beschrieben. Er führt im letzten Kapitel des zweiten Buchs des *Essay Concerning Human Understanding* (1689) aus, dass es

> eine [...] Verbindung von Ideen <gibt>, die lediglich auf *Zufall* oder *Gewohnheit* beruht. Ideen, die an und für sich nicht verwandt sind, werden im Geist mancher Menschen so eng verknüpft, dass sie sehr schwer voneinander zu trennen sind. Sie bleiben stets in Gesellschaft; sobald die eine im Verstand auftaucht, stellt sich zugleich auch ihre Gefährtin ein. [...]
> Diese enge Kombination von Ideen, die nicht von Natur aus verknüpft sind, bringt der Geist in sich selbst entweder willkürlich oder zufällig zustande. [...] Die *Gewohnheit* befestigt sowohl Denkweisen im Verstand wie Entschlüsse im Willen und Bewegungsweisen im Körper. Alle diese scheinen nur Bewegungsweisen in den Lebensgeistern zu sein. Letztere aber schlagen, wenn sie einmal in Gang gebracht sind, stets den gleichen gewohnten Weg ein. Dieser wird durch häufige Benutzung schließlich zum ebenen Pfad, auf dem die Bewegung leicht und gleichsam naturgemäß verläuft. Soweit wir das Denken begreifen können, scheinen die Ideen auf diese Weise in unserem Geist hervorgebracht zu werden.[70]

Hume ging über die von Locke aufgezeigte Rolle der Gewohnheit hinaus einen Schritt weiter und wies im *Traktat über die menschliche Natur* (1739) in der Sektion IV des ersten Buches („Über die Verknüpfung oder Assoziation der Vorstellungen") auf die Verbindung

---

[70] J. Locke, *Versuch über den menschlichen Verstand*, 2. Buch, Kapitel XXXIII, „Über die Assoziation der Ideen", S. 499f.

2. Die A-Deduktion

von Assoziation und Einbildungskraft („imagination") hin, die sich durch eine „Anziehung (attraction) [...] in der geistigen Welt (mental world)"[71] äußert. Nicht weniger bedeutsam für Kant ist noch ein anderer Ansatz, nämlich der des Kieler Philosophen Johann Nicolas Tetens in dessen *Philosophischen Versuchen über die menschliche Natur und ihre Entwicklung* (1777). Dieses Werk stellt eine der bedeutendsten Abhandlungen überhaupt zur philosophischen Psychologie und Anthropologie in der zweiten Hälfte des 18. Jahrhunderts dar (die freilich nur kurze Zeit später in den Schatten der *Kritik der reinen Vernunft* treten sollte). In Abschnitt XIV[72] des „ersten Versuchs", der den Titel „Über die Natur der Vorstellungen" trägt, stellte Tetens das „Gesetz der Ideen-Assoziation" auf. Zwischen den verschiedenen von Tetens erörterten Auslegungsmöglichkeiten hält Kant insbesondere die Fragestellung fest, wie – *vor* der aktuell gemachten Erfahrung – eine Vorstellung mit einer anderen bereits verbunden sein konnte. Kant antwortet hierauf, dass jenes Assoziationsgesetz als ein Gesetz der „Reproduktion" gefasst werden muss (ein Gedanke, der ebenfalls schon bei Tetens angelegt ist).

Wie führt Kant nun seinen Nachweis, dass es eine „Synthesis der Reproduktion in der Einbildung" geben muss, durch? Er schließt hier an die Argumentation der Synthesis der Apprehension an. Das Problem, welche Art von Prinzipien der empirischen Assoziation zweier unterschiedlicher Vorstellungen zugrunde liegen muss, wird dabei zunächst aus den Augen verloren (und erst mit den Ausführungen zur „Affinität" wieder eingeholt). Wie stellt Kant also die spezifische Eigenart jener Synthese der Reproduktion heraus?

Im Fall der Synthese der Apprehension ging es darum, wie in *einem Zeitpunkt* das Mannigfaltige in *einer* Anschauung zusammengefasst werden kann. Hier soll nun erwiesen werden, wie es möglich ist, dass man in einer durchgehenden *Dauer* eine einheitliche anschauliche Vorstellung haben kann – Kant fragt also gar nicht, worauf genau das eben beschriebene *Assoziationsgesetz* beruht, sondern was die Synthese *unterschiedlicher Wahrnehmungen desselben Gegenstandes*

---

[71] D. Hume, *Ein Traktat über die menschliche Natur*, 2. Buch, Vierter Abschnitt, „Über die Verknüpfung oder Assoziation der Vorstellungen", Hamburg, F. Meiner, 2013, S. 24.

[72] J. N. Tetens, *Philosophische Versuche über die menschliche Natur und ihre Entwicklung* (Leipzig, 1777), neu herausgegeben von U. Roth und G. Stiening, Berlin/Boston, W. de Gruyter, 2014, hier: S. 68–71.

in der Zeit ermöglicht und wodurch sodann die Anschauung abschließend konstituiert wird. Ein erstes Beispiel bestätigt das: Ich betrachte ein Haus, habe von der Vorderseite eine Wahrnehmung. Dann gehe ich um das Haus herum und habe eine neue Wahrnehmung der Rückseite desselben Hauses. Wie komme ich aber dazu, beide Wahrnehmungen als Wahrnehmungen desselben Hauses aufzufassen? Dafür muss die aktuelle Wahrnehmung (der Rückseite) in Bezug zur vorigen Wahrnehmung (der Vorderseite) gesetzt werden. Das wiederum ist, da in der aktuellen Wahrnehmung (der Rückseite) nichts mehr von der vorigen Wahrnehmung (der Vorderseite) gegeben ist, nur möglich, wenn die vorige Wahrnehmung *reproduziert* und mit der aktuellen Wahrnehmung vereinigt wird. Das ist aber nicht das Werk der bloßen Sinnlichkeit – in ihr werden nur aktuelle Wahrnehmungen gegeben. Es ist aber auch nicht das Werk des Verstandes – es geht nicht darum, die vergangene Wahrnehmung zu *denken*. Deswegen kommt hier laut Kant die reproduktive Einbildungskraft ins Spiel, die eben jene vergangene Wahrnehmung reproduziert. Das zweite Beispiel bezieht sich dagegen doch auf den Grund des Assoziationsgesetzes: Ich assoziiere den Sommer jedes Mal mit grüner Natur und nicht mit schneebedeckter Landschaft. Wie ist es möglich, dass meine jeweiligen Wahrnehmungen dabei ebenfalls *einheitlich* sind und ich nicht jedes Mal ungeordnete, chaotische Vorstellungen habe? (Beispiel für ein solches Chaos: Der Sommer wäre einmal heiß, einmal frostig; Gold wäre einmal gelb, einmal lila etc.) Der entscheidende Punkt besteht hier wiederum darin, dass über die Apprehension hinaus das Vorhergehende *reproduziert* und mit dem Gegenwärtigen *vereint* (*synthetisiert*) werden muss, damit ich die besagte ganze, einheitliche Vorstellung haben kann. Den dies leistenden Akt rechnet Kant abermals der *Einbildungskraft* zu und bezeichnet ihn als „Reproduktion". Da er ebenfalls ein *synthetischer* Akt ist, nennt Kant ihn „Synthesis der Reproduktion". In Wirklichkeit handelt es sich aber um einen völlig anderen Fall, denn die Reproduktion betrifft hier zwei unterschiedliche Vorstellungen (zum Beispiel Winter und Kälte), während es sich im ersten Fall, wie gesagt, um denselben Gegenstand der Vorstellung zu zwei unterschiedlichen Zeitpunkten handelte.

Die eigentliche Argumentation vollzieht sich dann auf die gleiche Weise wie bei der Synthesis der Apprehension: Was für die empirischen Vorstellungen gilt, trifft auch auf Raum und Zeit zu: Sie bedürfen der Synthesis der Reproduktion. Diese muss hier ebenfalls (und aus demselben Grund wie oben) eine *reine* Synthese der Reproduktion sein. *Also muss, damit Erfahrung – und das heißt hier zunächst: Anschauung – möglich sein kann, eine reine Synthesis der Reproduktion angenommen werden.*

Nota bene: Wir stehen hier vor drei Schwierigkeiten. Erstens muss bei dieser Reproduktion der Zusammenhang zwischen der reinen und der empirischen Ebene verständlich gemacht werden. Zweitens muss das Verhältnis von *re*produktiver und *produktiver* Einbildungskraft geklärt werden. Drittens muss der Zusammenhang der beiden unterschiedlichen Aspekte erläutert oder zumindest doch auch dargelegt werden, welche Prinzipien dem empirischen Assoziationsgesetz zugrunde liegen. Da hier nur von „*reproduktiver* Einbildungskraft" die Rede ist und erst etwas später, in der Deduktion „von unten"[73], der Begriff der „*produktiven* Einbildungskraft" eingeführt wird, soll hier auf die entsprechende Stelle verwiesen werden. Jetzt gilt es erst einmal, die erste und die dritte Schwierigkeit zu lösen.

Worin kann der Zusammenhang zwischen *formaler* Raum- und Zeitkonstitution und *inhaltlichen* Assoziationen bestehen? Ist der Gedanke, dass es hier *überhaupt* einen Zusammenhang geben soll, plausibel? Es scheint doch zweifelhaft, dass man die Konstitution des *einen* Raums und der *einen* Zeit mit der Konfiguration einer Vielheit völlig unterschiedlicher Phänomene – siehe die Beispiele der charakteristischen Farben bestimmter Gegenstände, der Gattung „Mensch", der Jahreszeiten usw. – vergleichen kann. Und doch hält Kant daran fest. Die Lösung des Problems wird nach seinem Dafürhalten einsichtig, wenn man sich vergegenwärtigt, dass wir es hier mit *Erscheinungen* und nicht mit Dingen an sich zu tun haben. Hierbei wird der *innere Sinn bestimmt*.[74] Es muss also darum gehen zu erweisen, wie der innere Sinn durch die reinen Synthesen bestimmt wird. Dabei ist die inhaltliche Bestimmung letztlich unerheblich, denn es geht Kant nicht um eine *sachhaltige* Bestimmung, sondern um die eines Gegenstandes *überhaupt*. Wie das aber genau

---

[73] KrV, A 123.

[74] Hierauf wird sich auch die zweite objektive Deduktion am Ende der A-Deduktion stützen.

möglich ist, kann hier noch nicht beantwortet werden. Die Objektkonstitution ist somit mit der zweiten Synthese noch nicht abgeschlossen.

Was den dritten Punkt angeht, ist zu sagen, dass der Erfolg von Kants Versuch, den Grund des Assoziationsgesetzes durch eine Synthesis der Einbildungskraft aufzuweisen (wie sein Grundansatz das ja zunächst nahezuliegen schien), zur Voraussetzung hätte, dass tatsächlich ein oder mehrere Prinzipien a priori der Synthesis der Einbildungskraft ausfindig gemacht und dadurch die empirischen Assoziationen erklärt würden. Genau das ist aber gar nicht der Fall. Kant stellt solche Prinzipien hier nicht heraus. Sein Ansatz in der Synthesen-Deduktion beschränkt sich lediglich auf den Nachweis, *dass* es eine reine Synthesis der Einbildungskraft gibt. Für die Lösung dieses Problems muss auf Kants Ausführungen zur „Affinität" verwiesen werden, die in der Deduktion „von unten" sowie in der zweiten „objektiven Deduktion" der A-Auflage zu finden sind.

Synthesis der Rekognition[75] im Begriff
Was diese Objektkonstitution genau vervollständigt und beschließt, wird in der Tat erst durch die dritte Synthese verständlich werden – auf die alles Vorige hinausläuft. Denn nur wenn ich mir des Zusammenhangs der ersten beiden Synthesen auch *bewusst* werde, wird tatsächlich ein Objekt konstituiert. Dieses Bewusstwerden wird durch die bereits eingeführte und einleitend erläuterte „Apperzeption" gewährleistet. Das genau verständlich zu machen, ist Kants

---

[75] Kants Begriff der „Rekognition" geht auf Alexander Gottlieb Baumgarten (1714–1762) zurück (wenn nicht gar auf Christian Wolffs *Psychologia Empirica* [1738], §§ 173 und 175). Kant hatte jahrelang dessen *Metaphysik* als Grundlage für seine eigenen Metaphysik-Vorlesungen genommen und sie an der Königsberger Universität gelehrt. Er hatte von Baumgartens *Metaphysik* eine sehr genaue Kenntnis. An verschiedenen Stellen der *Kritik der reinen Vernunft* ist dieser Baumgarten'sche Einfluss deutlich spürbar. In der posthumen Ausgabe (von 1783) des Werkes, an dem Baumgarten jahrzehntelang gearbeitet hat (mehrere Ausgaben waren bereits zu Lebzeiten erschienen), ist insbesondere im § 432 von „Rekognition" die Rede. Sie bezeichnet dort den Akt des „mich Wiedererinnerns", wenn ich mir eine Vorstellung, die zuvor in mir entwickelt wurde, als dieselbe vorstelle wie die eben zuvor Entwickelte, d. h. „ich erkenne sie wieder [recognosco], nämlich als die Vorstellung, die ich schon gehabt habe, oder ich erinnere mich derselben", A. G. Baumgarten, *Metaphysik*, Jena, Scheglmann, 2004, S. 132.

2. Die A-Deduktion

Aufgabe in diesem Abschnitt, der nun also der dritten Synthese gewidmet ist. Dieser Abschnitt ist zweigeteilt. In A 103–A 107 wird in etwa die gleiche Argumentation wie zuvor entwickelt (also zuerst auf der empirischen, dann auf der transzendentalen Ebene) – diesmal aber eben in Bezug auf die Synthesis der Rekognition durch die Apperzeption. In A 108–A 110 wird dann das Wesen der Apperzeption selbst erläutert – und zwar insbesondere in ihrem Wechselverhältnis zum Gegenstandsbezug.

Bisher wurde mit den ersten beiden Synthesen aufgezeigt, was notwendig ist, damit eine anschauliche *Vorstellung* vom Gegenstand möglich ist. Nun muss noch erwiesen werden, wie dabei auch tatsächlich ein *Gegenstand* vorgestellt wird. Kant stellt hierfür eine zweifache These auf: Erstens ist der Gegenstandsbezug nur durch das *Denken* möglich. Zweitens untersteht dieses dem *transzendentalen Selbstbewusstsein*, das Kant also „*transzendentale Apperzeption*" nennt. Sehen wir nun zu, wie das Schritt für Schritt entwickelt wird.

Die ersten beiden Synthesen haben, wie wir gesehen haben, für eine Ordnung des *Mannigfaltigen* gesorgt – und zwar zunächst für *einen* Zeitpunkt, dann auch für eine zeitliche *Dauer*. Aus beidem entstand die Anschauung. Einen Gegenstand vorzustellen, verlangt nun aber auch noch danach, *Einheit* in dieses, in eine erste Ordnung gebrachte Vorstellungsmannigfaltige – das ein „Ganzes ausmachen" muss und sich somit nicht *bloß* auf die Verbindung von vergangenen und gegenwärtigen Vorstellungen beschränken darf – hineinzubringen. Das Vermögen der Einheitsstiftung und der Synthese ist der *Verstand*. Die ihm eigene Vorstellungsart ist der *Begriff*. Also – so lautet die Hauptthese – wird der Gegenstandsbezug darin bestehen müssen, dass das anschauliche Vorstellungsmannigfaltige in einem *Begriff* gedacht wird. Was ist aber ein „Begriff" und wie kann das Beweisziel auf diesem Wege erreicht werden? Der Begriff ist *ein* „*Bewusstsein*,"[76] welches „das Mannigfaltige, nach und nach Angeschaute [= erste Synthesis], und dann auch Reproduzierte [= zweite Synthesis], in eine Vorstellung vereinigt". Dabei muss in der Tat immer „ein Bewusstsein angetroffen werden", denn „ohne dasselbe sind Begriffe, *und mit ihnen Erkenntnis von Gegenständen ganz unmöglich*".[77] Unter „Erkenntnis" versteht Kant hier *keine sachhaltige*

---

[76] Hervorgehoben v. Vf.
[77] KrV, A 103f. Ebenfalls hervorgehoben v. Vf.

Erkenntnis, sondern ausnahmsweise lediglich den *Bezug auf einen Gegenstand überhaupt*, den es ja noch herzustellen galt. Diese Aufgabe wäre damit im Wesentlichen gelöst. Während die erste notwendige Synthese in einer Apprehension im *Sinne* und die zweite in einer Reproduktion in der *Einbildung* bestand, besteht hier die dritte Synthese in einer „Rekognition" (wörtlich = „Wiedererkennen"), die bei Kant schlicht das die Wiedererinnerung ins Spiel bringende BEWUSSTSEIN *der Identität des Angeschauten mit dem Reproduzierten* bezeichnet.[78] Kant fügt noch hinzu, was ja bereits angekündigt wurde und hier entscheidend ist: Die dritte Synthese besteht in einer Rekognition im *Begriff*[79], der den Gegenstandsbezug herstellt und selbst „*Bewusstsein* dieser Einheit der Synthesis"[80] ist. Die dritte Synthese besteht somit in einem *Wiedererkennen durch das Bewusstsein* und im *den Gegenstandsbezug herstellenden Bewusstsein*. Es gilt nun auseinanderzulegen, was hierin alles enthalten ist (und wie also insbesondere der besagte Gegenstandsbezug tatsächlich verwirklicht wird).

Der transzendentale Gegenstand = *X*. Zunächst: Was ist überhaupt der *Gegenstand*, zu dem ja der Bezug hergestellt werden soll? Es ist hier nicht von einer Erscheinung im Sinne von einer bloßen Vorstellung die Rede, sondern durchaus von einem „Gegenstand" (von etwas, was dem Erkenntnissubjekt „gegenübersteht" oder „entgegensteht" und verhindert, dass wir es mit rein willkürlichen oder fiktiven Vorstellungen zu tun haben). Laut der kritischen Grundeinstellung (d. h. laut dem Wesen der kopernikanischen Revolution) *kann der Gegenstand nicht als vorgegeben oder vorausgesetzt* angesehen werden. Denn sonst könnten wir von ihm ja nur eine empirische Erkenntnis haben, was jede Notwendigkeit, die ja in der Erkenntnis enthalten sein muss, unmöglich machte. Er kann aber auch nicht vom Subjekt „erschaffen" oder „produziert" sein, denn sonst hätten wir es hier mit einem sogenannten subjektivistischen „Produktionsidealismus" zu tun, den Kant entschieden ablehnt. Also, so seine berechtigte Folgerung, kann der Gegenstand nur als „etwas

---

[78] Vgl. KrV, A 115.
[79] Das gilt für die empirischen und für die reinen Begriffe gleichermaßen, d. h. dass sowohl die empirischen Vorstellungen auf den Begriff hin orientiert, als auch jede Vorstellung eines Gegenstandes *überhaupt* a priori durch die Kategorien strukturiert sind.
[80] KrV, A 103.

2. Die A-Deduktion

überhaupt = X"[81] gedacht werden. An anderer Stelle bezeichnet er ihn auch als „transzendentalen Gegenstand".[82]

Wie wird also der Bezug zum Gegenstand hergestellt? Der einschlägige Passus hierzu ist folgender (wir kommen nun zu einem höchst wichtigen Gedanken innerhalb der gesamten *Kritik der reinen Vernunft*):

> Es ist aber klar, dass, da wir es nur mit dem Mannigfaltigen unserer Vorstellungen zu tun haben, und jenes X, was ihnen korrespondiert (der Gegenstand), weil er etwas von allen unsern Vorstellungen Unterschiedenes sein soll, für uns nichts ist, die Einheit, welche den Gegenstand notwendig macht, nichts anderes sein könne, als die *formale Einheit des Bewusstseins in der Synthesis des Mannigfaltigen der Vorstellungen*.[83] Alsdann sagen wir: Wir erkennen den *Gegenstand, wenn wir in dem Mannigfaltigen der Anschauung synthetische Einheit* BEWIRKT *haben*.[84]

Was den Bezug zum Gegenstand herstellt – und das ist tatsächlich „klar", wenn man sich es erst einmal vor Augen geführt hat –, ist die *vom Bewusstsein ausgehende und durch das Bewusstsein selbst vollzogene, vereinigende Synthese des Mannigfaltigen*. Gleichnishaft kann man sich das als die Bewegung eines „geistigen Einatmens" vorstellen. Das Gemüt zieht das Aufgefasste, das Reproduzierte und den synthetisierenden, die Einheit stiftenden Akt dergestalt zusammen – es „kontrahiert"[85] dies alles –, dass dadurch *Gegenständlichkeit* (nicht der

---

[81] KrV, A 104.

[82] KrV, A 109.

[83] Das ist sozusagen die in der subjektiven Deduktion herausgestellte Konsequenz des bereits zitierten Satzes der ersten objektiven Deduktion (A 92): „Ist aber das zweite [scil. dass nämlich die Vorstellung den Gegenstand möglich macht], weil Vorstellung an sich selbst […] ihren Gegenstand *dem Dasein nach* nicht hervorbringt, so ist doch die Vorstellung in Ansehung des Gegenstandes alsdann a priori bestimmend, wenn durch sie allein es möglich ist, etwas *als einen Gegenstand zu erkennen*." Die subjektive Deduktion legt hier nämlich dar, *wie* es eben „möglich ist, etwas als einen Gegenstand zu erkennen" – nämlich dank der synthetischen Einheit der transzendentalen Apperzeption.

[84] KrV, A 105.

[85] Hierbei gilt es, diesen von Kant erstmals eingeführten Begriff, der von nun an als „phänomenologische Kontraktion" gefasst werden soll, *für die Phänomenologie* stark zu machen. Zwar hat Heidegger ihn bereits Ende der 1920er Jahre in seinen eigenen Worten als „vorgängigen und ständigen

Gegenstand selbst!) gleichsam „erzeugt" (nicht produziert!) wird.[86] All das unterliegt der Apperzeption (darauf kommen wir gleich eingehender zurück). Mit anderen Worten: *Die Kategorien haben deswegen objektive Realität, weil die Apperzeption mittels der „phänomenologischen Kontraktion" synthetische Einheit in das zu synthetisierende Mannigfaltige hineinbringt.* Kant behauptet später somit zurecht, dass sie – die transzendentale Apperzeption – „der höchste Punkt, an dem man allen Verstandesgebrauch, selbst die ganze Logik, und, nach ihr, die Transzendental-Philosophie heften muss",[87] ist – wir haben es hier bei der auf diese Art vollzogenen Gegenstandskonstitution in der Tat mit einem ganz zentralen Aspekt der als „transzendentalen Idealismus" zu verstehenden Transzendental-Philosophie zu tun.

Der empirische Begriff qua „Regel". Die Behauptung, dass das alles dem Selbstbewusstsein unterliegt, soll betonen, dass es sich hierbei um einen *tatsächlich vollzogenen* Akt handelt. Dieser vollzieht sich gemäß einer „Regel". „Die Einheit der Regel bestimmt [dabei] alles Mannigfaltige, und schränkt es auf Bedingungen ein, […] und der Begriff dieser Einheit ist die Vorstellung vom Gegenstande = X, den ich durch die gedachten Prädikate eines [gedachten Gegenstandes] denke."[88] Diese Regel, die per definitionem *Notwendigkeit* in sich trägt, macht somit einen (empirischen) Begriff aus, der durch das (empirische) (Selbst)bewusstsein gedacht wird. Anders gesagt: Wir haben es hier mit einer empirischen Synthese zu tun, mit einem

---

Zusammenzug auf Einheit" gefasst, *Kant und das Problem der Metaphysik*, F.-W. von Herrmann (Hsg.), Frankfurt am Main, Klostermann, 1973, S. 74. Gleichwohl war seine Bedeutung in der phänomenologischen Tradition bisher zweifellos unterbelichtet. Gegenstandsbezüglichkeit, und dadurch Gegenständlichkeit, und damit letztlich ursprünglicher Bezug zur *Realität* (wie gesagt immer im Rahmen einer *möglichen Erfahrung*) ist also Sache der *phänomenologischen Kontraktion*. (Zum Sinn dieses Realitätsbegriffs qua „jede für den Menschen *mögliche* Wirklichkeit", siehe die folgende Fußnote.)

[86] Es stellt sich hierbei die schwierige und systematisch hoch bedeutsame Frage, in welchem Bezug diese Konstitution der *Gegenständlichkeit* zur *Wirklichkeit* überhaupt steht. Kants Frage ist *nicht* die der „Realität der Außenwelt". Was Kant zu erweisen sucht, ist, wie Objektivität, die für *jede für den Menschen* MÖGLICHE *Wirklichkeit* gilt, MÖGLICH ist. Das soll mit der Kategorien-Deduktion aufgewiesen werden. Die empirische Wirklichkeit lässt sich dann als „Illustration" oder als „mögliche Bewährung" der objektiven Realität auffassen.

[87] KrV, B 134 Fußnote.
[88] KrV, A 105.

empirischen Wiedererkennen, die bzw. das ein empirisches Selbstbewusstsein beinhaltet. Und hierzu bemerkt Kant: „Einheit der Synthesis nach empirischen Begriffen würde ganz zufällig sein, und gründeten diese sich nicht auf einen transzendentalen Grund der Einheit, so würde es möglich sein, dass ein Gewühl von Erscheinungen unsere Seele anfüllte, ohne dass doch daraus jemals Erfahrung werden könnte."[89] Worin besteht dieser „transzendentale Grund"?

Die transzendentale Apperzeption. In dieser Deduktion kommt nun noch ein drittes Mal die gleiche Argumentationsstruktur zur Anwendung wie in den beiden Fällen zuvor. Nur sind es hier nicht (wie in den ersten beiden Synthesen) Raum und Zeit, die einer gemachten Erfahrung zugrunde liegen und dadurch eine transzendentale Synthese notwendig machen, sondern die Einheit des empirischen Bewusstseins in der Synthese des Mannigfaltigen ist es, die nach einer transzendentalen Synthese verlangt (wenngleich Kant auch am Ende des Gedankengangs kurz auf Raum und Zeit im gleichen Sinne wie in den ersten beiden Synthesen eingeht[90]). Weshalb ist es notwendig, eine solche transzendentale Synthese anzunehmen? Aus zwei Gründen. Erstens, weil in dieser Synthese des Mannigfaltigen, wie wir gerade gesehen haben, eine *notwendige Regel* zur Anwendung kommt – und „aller Notwendigkeit liegt jederzeit eine transzendentale Bedingung zum Grunde";[91] zweitens, weil empirische Apperzeption nicht der *Identität* des Selbstbewusstseins Rechnung zu tragen vermag (das nimmt die kantische Kritik an Humes Auffassung der personalen Identität wieder auf, von der oben die Rede war). Empirische Apperzeption ist je wandelbar. Notwendiges, numerisch identisches Selbstbewusstsein – also ein Selbstbewusstsein, das je dasselbe bleibt – kann es laut Kant nur auf der nicht-empirischen, transzendentalen Ebene geben. Daher muss eine reine Apperzeption vorausgesetzt werden, die sowohl der empirischen Apperzeption als auch allen Begriffen zugrunde liegt. Wie lässt sich aber das Wesen dieser transzendentalen Einheit der Apperzeption genau bestimmen?

Damit kommen wir nun zum zweiten Teil der dritten Synthese, in dem Kant zwei wichtige Bemerkungen macht – eine zum Status

[89] KrV, A 111.
[90] KrV, A 107 unten.
[91] KrV, A 106.

der transzendentalen Apperzeption und eine zu jenem des Begriffs (a priori) des Gegenstands überhaupt (also zur Kategorie).

Die transzendentale Apperzeption ist keine Substanz, kein Träger von Eigenschaften, kein Substrat, dem ein Sein oder ein Handeln zugeschrieben werden könnte (sie ist also genauso wie der transzendentale Gegenstand ein „X" [oder ein „Y"]). Was nun die Einheit derselben angeht, liefert Kant folgende, einzigmögliche Erklärung: „[D]iese Einheit des Bewusstseins wäre unmöglich, wenn nicht das Gemüt in der Erkenntnis des Mannigfaltigen sich der Identität der Funktion bewusst werden könnte, wodurch sie dasselbe synthetisch in einer Erkenntnis verbindet."[92] *Die Einheit des Bewusstseins verdankt sich somit der synthetischen Handlung, dank welcher das Mannigfaltige synthetisch verbunden wird.* Die transzendentale Apperzeption ist somit kein Sein, sondern ursprüngliche synthetische Tätigkeit.[93]

Die transzendentale Apperzeption bezieht sich aber durch *Begriffe a priori* auf einen Gegenstand überhaupt (der für uns, wie gesagt, der transzendentale Gegenstand = X ist[94]). Also wird hierdurch erwiesen, *dass die Begriffe a priori, d. h. die Kategorien* – die hierdurch noch klarer bestimmt werden – *„objektive Realität" haben*. Das Beweisziel der subjektiven Kategoriendeduktion ist im Großen und Ganzen erreicht.[95] Zusammengefasst:

Da nun diese Einheit [scil. des Bewusstseins] als a priori notwendig angesehen werden muss (weil die Erkenntnis sonst ohne Gegenstand sein würde), so wird die Beziehung auf einen transzendentalen Gegenstand, d. h. die *objektive Realität* unserer empirischen Erkenntnis, auf dem trans-

---

[92] KrV, A 108.

[93] Zum Verhältnis zwischen *analytischer* und *synthetischer* Einheit der Apperzeption, siehe den § 16 der B-Deduktion. Man sieht jedenfalls, woran Fichte ursprünglich anknüpft, wenn er (in der *Grundlage der gesamten Wissenschaftslehre* von 1794/1795) seine Konzeption eines reinen, absoluten Ich (qua „absolute Tätigkeit") entwickelt.

[94] KrV, A 109.

[95] Da hier ja von den *subjektiven Urquellen* – Sinn, Einbildungskraft und Apperzeption – ausgegangen wurde, handelt es sich ohne Zweifel um eine subjektive Deduktion. Ihr Ziel ist jedoch nur „im Großen und Ganzen" erreicht, weil eben das „Wie" der Anwendung der Kategorien (noch) nicht genau genug dargelegt wurde.

zendentalen Gesetz beruhen, dass *alle Erscheinungen, sofern uns dadurch Gegenstände gegeben werden sollen, unter Regeln a priori der synthetischen Einheit derselben* [scil. dieser Erscheinungen] *stehen müssen, nach welchen ihr Verhältnis in der empirischen Anschauung allein möglich ist,* d. h. dass sie ebensowohl in der Erfahrung unter Bedingungen der notwendigen Einheit der Apperzeption als in der bloßen Anschauung unter den formalen Bedingungen des Raums und der Zeit stehen müssen, ja dass durch jene jede Erkenntnis allererst möglich werde.[96]

Mit der Aufweisung dieses „transzendentalen Gesetzes" erreicht die Kategorien-Deduktion ihr Beweisziel. Worin besteht dieses Gesetz? Es besteht in dem Nachweis der Notwendigkeit, dass eine Erscheinung nur dann einen Gegenstandsbezug hat, wenn sie unter Regeln a priori steht. Hierzu schreibt W. Carl treffend: „Diese Regeln sind Regeln für eine ‚Synthesis aller Erscheinungen nach Begriffen'.[97] Da die Regeln die Möglichkeit der Synthesis der Erscheinungen nach Begriffen begründen, werden sie als Regeln der synthetischen Einheit der Erscheinungen angesehen. Diese Einheit bestimmt nun das Auftreten oder die Präsentation von Erscheinungen als Gegenstände empirischer Anschauung: Sie stehen im Verhältnis einer synthetischen Einheit zueinander und sind nur so empirisch zugänglich."[98]

Nota bene: In der „Synthesen-Deduktion" lässt sich aber noch ein völlig anderer Aspekt herausheben, der den Ursprung der „drei Modi der Zeit" betrifft. Am Anfang des Beweises der „Analogien der Erfahrung" in der ersten Auflage der *Kritik der reinen Vernunft* bestimmt Kant diese „Modi" als „*Beharrlichkeit, Folge* und *Zugleichsein*".[99] Eine der Thesen der hier unternommenen phänomenologischen Interpretation von Kants Kategorien-Deduktion besteht darin darzulegen, dass in der A-Deduktion nachgewiesen werden kann, dass diese Zeitmodi *in den drei Synthesen des Verstandes konstituiert werden.* Dies ist eine bedeutsame Vertiefung der kantischen transzendentalen Argumentation, die sich ja auf die Notwendigkeit stützt zu erweisen, dass Zeit (und Raum) die Bedingungen a priori

---

[96] KrV, A 109f.
[97] KrV, A 108.
[98] W. Carl, *Die Transzendentale Deduktion der Kategorien in der ersten Auflage der* Kritik der reinen Vernunft. *Ein Kommentar*, op. cit., S. 187.
[99] KrV, A 177/B 219.

aller Erfahrung sind und dabei jeweils die sie konstituierenden Synthesen aufgesucht werden müssen.

Was ist ein „Modus" laut Kant? Dieser Begriff hat nichts mit Spinozas Modus-Begriff zu tun, er ist also kein (notwendiger) Ausdruck der Substanz, sondern eine spezifische Bestimmung eines allgemein(er)en Inhalts der Vorstellung eines logischen Wesens, wobei diese Bestimmung aus letzterem nicht notwendig folgt.[100] Der Modus, der die Zeit im eigentlichen Sinne charakterisiert, ist der Modus der *Beharrlichkeit*: „Die Beharrlichkeit drückt überhaupt die Zeit, als das beständige Correlatum alles Daseins der Erscheinungen, alles Wechsels und aller Begleitung, aus."[101] Die zeitliche Folge setzt, ganz wie die Gleichzeitigkeit, die Beharrlichkeit der Zeit voraus. Wie aus dem Vorigen hervorging, mündete die erste transzendentale Kategoriendeduktion in der A-Auflage darin, dass die *Form* der Möglichkeit der Erfahrung in der synthetischen Einheit der Apperzeption der Erscheinungen besteht.[102] Entscheidend ist nun, dass dieselbe Möglichkeit der Erfahrung auch die Bedingungen a priori der notwendigen und beharrlichen *Zeitbestimmung* jedes Daseins in den Erscheinungen beinhaltet sowie die Regeln der synthetischen Einheit a priori, mittels derer die Erfahrung antizipiert werden kann.[103] Was sind also diese „Bedingungen a priori der transzendentalen Zeitbestimmung" und diese „Regeln", welche die „Antizipation der Erfahrung" ermöglichen? Die Zeit wird durch die *Synthesen des Verstandes* konstituiert. Jedem Modus der Zeit entspricht eine spezifische Synthese[104] (Kant hat sich hierzu freilich

---

[100] Siehe hierzu K. Düsing, „Objektive und subjektive Zeit. Untersuchungen zu Kants Zeittheorie und zu ihrer modernen kritischen Rezeption", *Kant-Studien*, 71, 1980, S. 6; H. J. Paton, *Kant's Metaphysics of Experience*, Band 2, S. 163f. und H. Vaihinger, *Kommentar der Kritik der reinen Vernunft*, Band 2, S. 394f.

[101] KrV, A 183/ B 226. Siehe auch B 224–225, A 144/B 183, A 41/B 58 und B 278.

[102] KrV, A 217/B 264.

[103] Ebd.

[104] In seiner Darstellung des Prinzips der *Analogien der Erfahrung* behauptet Kant, dass es drei „Modi der Zeit" gebe: die Beharrlichkeit, die Zeitfolge und die Gleichzeitigkeit. In Wirklichkeit handelt es sich hier aber um zwei unterschiedliche Modi, deren einer zwei Aspekte enthält (was aber dem Vorrang des Modus der Beharrlichkeit keinen Abbruch tut). In der Tat besteht Kants Hauptargument in der Behauptung, dass jede Zeitkonstitution,

2. Die A-Deduktion

nicht geäußert; das Deduktions-Kapitel und die Analytik der Grundsätze müssen überkreuzt gelesen werden, um das deutlich werden zu lassen): Die Synthese der Apprehension in der Anschauung konstituiert die zeitliche *Sukzession* (weil eine Mannigfaltigkeit *durchlaufen* werden muss, um sie in einer Anschauung zusammenfassen zu können), die Synthese der Reproduktion in der Einbildung konstituiert die *Gleichzeitigkeit* (weil hier *unterschiedliche* Anschauungen einer Dauer *in eins* zusammengefasst werden) und die „höchste" Synthese, die der Rekognition im Begriff, konstituiert den wichtigsten Zeitmodus – den der *Beharrlichkeit*.

Es sei noch angemerkt, dass mit dem Aufweis der Konstitution der transzendentalen Zeitbestimmungen durch die drei Synthesen des Verstandes weder die „grundlegende Entdeckung der *Kritik der reinen Vernunft*" der Ausarbeitung einer „völlig neuen"[105] Wissenschaft der Sinnlichkeit (= transzendentale Ästhetik) herabgestuft, noch eines der Hauptargumente der Marburger Schule des Neukantianismus rehabilitiert werden soll, wonach die Formen der Sinnlichkeit „Werkzeuge für die Konstruktion der Objektivität einer Erfahrung seien, die jene der mathematischen Naturwissenschaft wäre",[106] wodurch ja die Unterordnung der Ästhetik unter die Logik behauptet würde. Die Absicht ist hier vielmehr, die transzendentalen Quellen jener transzendentalen Zeitbestimmungen aufzuweisen, um darauf hinzuweisen, dass das in der Tat nach einer gemeinsamen (und miteinander verflochtenen) Lektüre der ersten Kategorien-Deduktion und der Analytik der Grundsätze verlangt.

Der Hauptgedanke der Synthesen-Deduktion besteht, um das noch einmal zu wiederholen, also darin, dass *die Kategorien dadurch objektive Realität haben (bzw. der Gegenstandsbezug der Kategorien dadurch hergestellt wird), dass die transzendentale Apperzeption durch die „phänomenologische*

jede Dauer, etwas „Objektives", genauer: die Substanz und die Kausalität, voraussetzt. Alles, was zeitlich ist, ist beharrlich und zugleich in einer Folge begriffen. Diese beiden Aspekte bilden somit die Dauer aus, die vom zeitlichen Modus der Gleichzeitigkeit unterschieden werden muss. (Husserl wird dieser Auffassung eine Beschreibung der Zeitkonstitution entgegensetzen, welche die Zeitigung von der Gegenständlichkeit entkoppeln wird.)

[105] M. Fichant, „,L'espace est représenté comme une grandeur infinie donnée': La radicalité de l'Esthétique", in *Kant*, J.-M. Vaysse (Hsg.), „Les cahiers d'Histoire de la philosophie", Paris, cerf, 2008, S. 10.

[106] M. Fichant, a. a. O., S. 13.

Kontraktion" für synthetische Einheit im zu synthetisierenden Mannigfaltigen sorgt. Damit wird nicht gesagt, dass wir auf der einen Seite (reine) Vorstellungen hätten (= die Kategorien) und auf der anderen Seite (äußere) Gegenstände und wir uns fragen würden, wie dieser Bezug zwischen im Voraus bestehenden Entitäten zustande gebracht wird, sondern – und das ist absolut entscheidend –, dass die mögliche Gegenständlichkeit des Gegenstandes erst dadurch überhaupt „*erzeugt*" *wird*, dass durch die Apperzeption in das Mannigfaltige synthetische Einheit hineingebracht wird. Was hier in Frage steht, ist das „*Wie*" *der Konstitution eines möglichen Gegenstandes überhaupt*. *Vor* jener Synthese(-Leistung) durch die Apperzeption *gibt es überhaupt gar keinen möglichen Gegenstand*. Wir haben es hier somit mit einer Antwort auf eine *quaestio iuris* zu tun: Es wird mit dieser Antwort nämlich die *Rechtmäßigkeit* des Kategoriengebrauchs dadurch erwiesen, dass aufgezeigt wird, wie eben der mögliche Gegenstand überhaupt erzeugt wird (als Grundvoraussetzung dafür, dass dann auch der Bezug zu ihm erklärt werden kann [worin ja, wie schon mehrfach betont wurde, die Definition der Deduktion besteht]).

Es sollen nun noch einmal alle wesentlichen Schritte der Synthesen-Deduktion prägnant zusammengefasst werden.

Die Synthesen-Deduktion ist eine Deduktion „von unten". Es wird aber im Verlauf der Argumentation deutlich, dass jeder Schritt den folgenden Schritt zur Voraussetzung hat. Die Bewegung von unten ist also vielmehr, was den Konstitutionszusammenhang angeht, das Aufweisen einer Bewegung von oben.[107] Es erweist sich dabei, dass eine ganze Reihe *unterschiedlicher Entgegensetzungen* in einer letztgültigen *Einheit* kulminiert. (Und somit ist die Deduktion von oben tatsächlich ein Ausgehen von einer Einheit.)

Der erste Schritt der Synthesen-Deduktion besteht in der *Zusammenfassung* (Apprehension) mehrerer Vorstellungen in einer (zum Beispiel der *verschiedenen* Ansichten von einem Haus in der des *einen* Hauses). Zwar laufen diese verschiedenen Ansichten in der Zeit ab, wesentlich ist hier aber lediglich, dass unterschiedliche Vorstellungen eines Gegenstandes in einer Vorstellung apprehendiert werden

---

[107] Deswegen kann die „Synthesen-Deduktion" im weiteren Verlauf auch in eine Deduktion „von oben" und in eine Deduktion „von unten" auseinandergelegt werden. Und sofern sie eine subjektive Deduktion ist, gilt dann dasselbe auch für die letzteren beiden.

2. Die A-Deduktion 67

(durch die Synthesis der Apprehension). Die erste Entgegensetzung ist also die von unterschiedlichen Ansichten eines Gegenstandes und der einheitlichen Vorstellung desselben.

Die Apprehension verschiedener Vorstellungen in einer hat nun aber zur Voraussetzung, dass jede neue Wahrnehmung zu der bzw. den vorherigen Wahrnehmung(en) in Bezug gesetzt werden kann. Dafür müssen, da unsere Aufnahmefähigkeit stark eingeschränkt ist und immer nur einem einzigen Wahrgenommenen zugewandt sein kann, jene vorherigen Wahrnehmungen *reproduziert* werden (sofern eine jede neue Wahrnehmung die vorigen in der Tat aus dem aktuellen Bewusstsein verdrängt) – was die Aufgabe der Synthesis der Reproduktion in der Einbildung ist. Andernfalls hätten wir jedes Mal eine eigene Wahrnehmung von jeweils vermeintlich eigenständigem Seienden und nicht eine Vorstellung von einem *einheitlichen* Gegenstand, der durch die verschiedenen Wahrnehmungen hindurch in der Zeit beharrt. Die zweite Entgegensetzung ist somit die von *jetziger* Wahrnehmung und den *vorigen* Wahrnehmungen.

Damit nun aber diese Synthese von Gegenwärtigem und Vergegenwärtigtem stattfinden kann, muss ein *Bewusstsein* davon bestehen, dass ich im Jetzigen genau *dasselbe* Vorige *wiedererinnere* (das heißt eine „*Rekognition*" davon habe). Das leistet die Synthesis der Rekognition im Begriff. Die dritte Entgegensetzung ist somit die vom *Bewusstsein* des Gegenwärtigen und dem *Bewusstsein* des Vergangenen.

In einem vierten Schritt wird dann die gesuchte Einheit erreicht. Die Voraussetzung für die Einheit des Bewusstseins von vergangener und aktueller Vorstellung ist das *Selbstbewusstsein* (Apperzeption). Im Selbstbewusstsein (Ich=Ich) haben wir keine Entgegensetzung mehr, sondern ursprüngliche Einheit. Wie wird dadurch aber der Gegenstandsbezug hergestellt?

Herstellung von Gegenstandbezug bedeutet: Aufweisung einer Korrelation, in der das Subjekt in einem konstitutiven Bezug zum Objekt steht. Das bedeutet, dass sowohl das Objekt als auch das Subjekt in die Gegenstandsbezüglichkeit eingehen und beide – Subjekt und Objekt, Apperzeption und Gegenstand – in einer eigentümlichen Stabilität (Kant spricht von ihrer „Identität", die keine Beharrlichkeit, d. h. keine Substanzialität meint) aufgewiesen werden müssen. Genau das wird von Kant in zwei sehr wichtigen Schritten vollzogen.

Erster Schritt: Aufweisung des Seins und der Identität des transzendentalen Gegenstands = X. Es gilt den Bezug zu X herzustellen, ohne dass man X zu einem Ding an sich machte oder es dabei bei einem bloßen Gedankending beließe. Kant charakterisiert daher X so, dass Einheit und Identität dieses transzendentalen Gegenstandes durch die transzendentale Apperzeption „bewirkt" werden – indem nämlich die formale Einheit letzterer in X gleichsam „gelegt" wird. Dieses „Bewirken", dieses „Hineinlegen", wird hier als „phänomenologische Kontraktion" bezeichnet.

Zweiter Schritt: Aufweisung der Identität der transzendentalen Apperzeption. In einem zweiten Schritt muss dann auch die Identität der transzendentalen Apperzeption aufgewiesen werden. Ihr kann ebenfalls keine vorausgesetzte, im Voraus bestehende Substanzialität zugesprochen werden. Kants Ansatz wird nun darin bestehen, das *Bewusstsein* dieser Identität (denn auf der *ontologischen* Ebene lässt sich diese Identität nicht erweisen [siehe das Paralogismus-Kapitel]) gewissermaßen an den ersten Schritt, also an die Identität des transzendentalen Gegenstandes, zurückzubinden. Das Bewusstsein der Identität der transzendentalen Apperzeption besteht in nicht mehr als dem Bewusstsein der synthetischen Handlung, mittels welcher das Mannigfaltige synthetisiert wird. Über das Bewusstsein einer reinen Tätigkeit kann bezüglich der Identität der transzendentalen Apperzeption somit nicht hinausgegangen werden.

Dieser Rückverweis macht deutlich, dass die Konstitution des Bezugs auf den *Gegenstand* und die Aufklärung des Bewusstseins der Identität des *Selbstbewusstseins* in einem *gegenseitigen Vermittlungsverhältnis* stehen. Damit wird auch all jenen Einwänden gegen Kants Kategorien-Deduktion der Wind aus den Segeln genommen, die in der Rückbindung des Bewusstseins der Identität des transzendentalen Selbstbewusstseins an das Bewusstsein der Einheit der Handlung der Synthese des Mannigfaltigen eine Petitio Principii sehen.[108] In Kants Beweisführung wird die gegenständliche Einheit keineswegs *vorausgesetzt*, sondern die gegenseitige Vermittlung von Identität des Selbstbewusstseins und Bewusstsein der Einheit der Synthese-

---

[108] Das ist genau eine jener „Dunkelheiten", die es laut Sollberger in Kants Kategorien-Deduktion gebe, D. Sollberger, „Über einige ‚Dunkelheiten' in Kant Kategoriendeduktion", *Zeitschrift für philosophische Forschung*, Januar-März 1994 (Band 48, Heft 1), S. 83.

Handlung sorgt dafür, dass der Gegenstandsbezug transzendentale Aufklärung erfährt.

Vorläufige Erklärung der Möglichkeit der Kategorien, als Erkenntnissen a priori
In dem nun folgenden Abschnitt zieht Kant vier äußerst bedeutsame Konsequenzen aus den Einsichten, die in dieser ersten subjektiven Deduktion erworben wurden.

1.) Die synthetische Einheit der Erscheinungen nach Begriffen, die durch die transzendentale Apperzeption sichergestellt wird, ist der Grund dafür, dass die Erfahrung wesentlich einzig ist: *Es gibt nur* EINE *Erfahrung*. Warum insistiert Kant hierauf? Weil es dadurch gegebenenfalls möglich wird, den Begriff der *Einstimmigkeit* der Erfahrung verständlich zu machen. Die Erfahrungseinstimmigkeit ist ein schwieriger und subtiler Begriff, da es einen Zugang zu einer solchen Einstimmigkeit nur durch die *Erfahrung selbst* zu geben scheint, was für die Erkenntnisbegründung natürlich nicht herhalten kann – und dennoch spielt dieser Begriff darin durchaus eine wichtige Rolle. Wir kommen auf diesen Punkt gleich zurück, wenn von der „Affinität" die Rede sein wird.

2.) Auf eine noch bedeutendere Konsequenz wird in einem nächsten Schritt hingewiesen: „*Die Bedingungen a priori einer möglichen Erfahrung* überhaupt *sind zugleich Bedingungen der* Möglichkeit *der* Gegenstände *der Erfahrung.*"[109] Dieser Satz fasst allgemeiner zusammen, was in A 105 am Aufweis der Möglichkeit des Gegenstandsbezugs bereits konkret durchgeführt wurde, nämlich dass für Kant die Bedingungen, unter denen wir *Erkenntnisse* der Gegenständlichkeit (Objektivität) haben können, eben gerade auch die Bedingungen dieser *möglichen Gegenständlichkeit* (Objektivität) selbst sind. Das ist noch ein anderer Ausdruck für Kants Grundgedanken einer kopernikanischen Revolution in der Philosophie.

Mit anderen Worten, dieser Satz muss wörtlich genommen werden: Durch den tatsächlich geleisteten Vollzug der *Erfahrungsbedingungen* – nämlich der der transzendentalen Apperzeption unterstehenden Synthesisleistungen – wird der mögliche Gegenstand in seiner *Gegenständlichkeit* allererst erzeugt. Das impliziert, dass „[...] nach Kants Begründungsprogramm Geltungs- und Wie-Fragen so

---

[109] KrV, A 111 (hervorgehoben v. Vf.). Siehe auch A 158/B 197.

miteinander verknüpft <sind>, dass erst aus ihrer Verbindung das Deduktionsziel erreicht werden kann".[110]

3.) Ein dritter wichtiger Gedanke betrifft das Verhältnis von „Assoziation" und „Affinität". In der Erfahrung werden laufend Erscheinungen mit Erscheinungen assoziiert. (Einige Beispiele: Feuer mit Wärme, Sonne mit Licht, Gott des Christentums mit Schöpfung, Tomate mit Röte, Staatspräsident mit Macht usw.) Dies geschieht allerdings je auf der empirischen Ebene. Es könnte theoretisch sein, dass diese Assoziationen rein subjektiv sind und ihnen „in Wirklichkeit", d. h. seitens des „Objekts" gar nichts entspricht. *Wenn* es eine solche Entsprechung aber tatsächlich gibt, gebraucht Kant hierfür den Begriff der „Affinität": Er bezeichnet damit – bzw. mit dem Begriff der „Verwandtschaft" – den „Grund der Möglichkeit der Assoziation des Mannigfaltigen, sofern er im Objekt liegt".[111] Damit ist gemeint, dass wir uns laut Kant unter Objekten gar nichts Anderes denken können als etwas, das in seinem Inneren auf Affinität beruht. Die Affinität liegt somit der Idee der *Einstimmigkeit der Erfahrung* zugrunde (s. o.). Das ist sozusagen die rationale (kritizistische) Antwort Kants auf (mittelalterliche) magische oder mystische Erklärungen für die Zusammenhänge der Dinge bzw. auf Swedenborgs berühmter Auffassung, dass für die Einsichten in eben diese Zusammenhänge übersinnliche Fähigkeiten notwendig seien.

Wie lässt sich nun diese Affinität aber genau erklären? Worauf gründet sie? Nach Kants Dafürhalten ist die transzendentale Affinität (der Objekte) nichts anderes als die transzendentale Affinität der transzendentalen Apperzeption selbst, wobei diese in jene gleichsam sozusagen „hineinprojiziert" wird. Er drückt das so aus:

Da [die] Identität [der transzendentalen Apperzeption] notwendig in die Synthesis alles Mannigfaltigen der Erscheinungen, sofern sie empirische Erkenntnis werden soll, hineinkommen muss, so sind die Erscheinungen Bedingungen a priori unterworfen, welchen ihre Synthesis (der Apprehension) durchgängig gemäß sein muss. Nun heißt aber die Vorstellung einer allgemeinen Bedingung, nach welcher ein gewisses Mannigfaltiges (mithin auf einerlei Art) gesetzt werden kann, eine Regel, und wenn es so gesetzt

---

[110] D. Sollberger, „Über einige ‚Dunkelheiten' in Kants Kategoriendeduktion", S. 78.
[111] KrV, A 113.

2. Die A-Deduktion

werden muss, ein Gesetz. Also stehen alle Erscheinungen in einer durchgängigen Verknüpfung nach notwendigen Gesetzen und mithin in einer transzendentalen Affinität, woraus die empirische die bloße Folge ist.[112]

Kants Auffassung zufolge ist die Affinität in der Tat durch den Gesetzesbegriff in der synthetischen Einheit der transzendentalen Apperzeption gegründet. Erst hier wird also verständlich, worauf das in der Synthesis der Reproduktion in der Einbildung angesprochene empirische Assoziationsgesetz beruht.

4.) Der letzte Punkt betrifft die Aufklärung des „befremdlichen", wenn nicht gar „widersinnigen" Sachverhalts, dass ein subjektives Vermögen (= transzendentale Apperzeption) der Natur ihre Gesetze vorschreiben könne. Auch hier wird wiederum das „Radikalvermögen aller unserer Erkenntnis", eben die transzendentale Apperzeption, unter der ausdrücklichen Betonung der Tatsache, dass die Natur lediglich „ein Inbegriff von *Erscheinungen*" ist, in Anspruch genommen. Dadurch, dass sie das „innere Prinzip"[113] des Zusammenhangs aller Gegenstände der Erfahrung bereitstellt (deren „Inbegriff"[114] die Natur selbst ausmacht), ist sie nämlich die Einheit, dank welcher die Natur selbst überhaupt Natur ist. Mit anderen Worten, die Einheit der Natur ist auf die gerade angesprochene

---

[112] Ebd.
[113] KrV, A 419/B 446 (Fußnote). In derselben Fußnote trifft Kant die Unterscheidung zwischen einem „formalen" und einem „materialen" Naturbegriff. Materialer Naturbegriff = „Inbegriff [im Sinne des Ganzen, der Gesamtheit] der Erscheinungen" qua Gegenstände der Erfahrung. Formaler Naturbegriff = (innerer) „Zusammenhang der Bestimmungen eines Dinges". Siehe auch die beiden ersten Sätze der „Vorrede" der *Metaphysischen Anfangsgründe der Naturwissenschaft* (1786): „Wenn das Wort Natur bloß in *formaler* Bedeutung genommen wird, da es das erste, innere Prinzip alles dessen bedeutet, was zum Dasein eines Dinges gehört, so kann es so vielerlei Naturwissenschaften geben, als es spezifisch verschiedene Dinge gibt, deren jedes sein eigentümliches inneres Prinzip der zu seinem Dasein gehörigen Bestimmungen enthalten muss. Sonst wird aber auch Natur in *materieller* Bedeutung genommen, nicht als eine Beschaffenheit, sondern als der Inbegriff aller Dinge, sofern sie *Gegenstände unserer Sinne*, mithin auch der Erfahrung sein können, worunter also das Ganze aller Erscheinungen, d. i. die Sinnenwelt mit Ausschließung aller nicht sinnlichen Objekte, verstanden wird," AA, Band IV, Berlin, 1911, S. 467.
[114] I. Kant, *Prolegomena zu einer jeden künftigen Metaphysik, die als Wissenschaft wird auftreten können* (1783), § 16.

Einheit der Erfahrung gegründet. Dies schließt aus, dass es mehrere Welten geben könnte – eine Annahme, mit der sich Kant vorher jahrelang auseinandergesetzt hatte.[115]

Von dem Verhältnis des Verstandes zu den Gegenständen überhaupt und der Möglichkeit, diese a priori zu erkennen
Kant trägt die Deduktion in der A-Auflage nach der „Synthesen-Deduktion" nun noch ein *zweites* Mal vor. Er selbst gibt, was die Gründe dafür betrifft, lediglich an, dass es ihm um die *Einheit* und den *Zusammenhang* des Vortrags überhaupt geht. Der wahre Grund (und das ist eine weitere These dieser phänomenologischen Interpretation) könnte aber in Folgendem liegen: Wie schon in der obigen Fußnote angemerkt, hat Kant in der ersten Deduktion die „Wie-Frage" der genauen Anwendung der Kategorien noch nicht befriedigend beantwortet. Und die Beantwortung der „Wie-Frage" – derjenigen nach der konkreten Gegebenheitsweise der Phänomene – macht ja gerade die genuin phänomenologische Perspektive aus. Somit ist also die subjektive Deduktion noch nicht vollständig an ihr Ziel gelangt. Daher also der neue Versuch, der nun angestellt wird.

Auffällig sind jedenfalls zunächst zwei Punkte. 1.) Der zweite Vortrag der Deduktion unterteilt sich seinerseits in zwei Teile: Einmal beginnt er „von oben", von der reinen Apperzeption;[116] und dann wiederum nimmt er seinen Ausgang „von unten", vom „Empirischen", von der Wahrnehmung.[117] 2.) Kant nimmt jetzt nicht mehr auf den Raum und insbesondere auf die Zeit[118] Bezug (qua apriorischer Grundlage, welche die Notwendigkeit von reinen Synthesen begründet), sondern er stellt den drei subjektiven *empirischen*

---

[115] Nämlich bereits seit seiner ersten Abhandlung *Gedanken von der wahren Schätzung der lebendigen Kräfte und Beurtheilung der Beweise derer sich Herr von Leibnitz und andere Mechaniker in dieser Streitsache bedienet haben* (1746), AA, Band I, S. 22, bzw. der *Nova dilucidatio* (1755), ebd., S. 411. Siehe hierzu W. Ritzel, „Die transzendentale Deduktion der Kategorien 1781 und 1787", in *Beiträge zur Kritik der reinen Vernunft 1781–1981*, I. Heidemann & W. Ritzel (Hsg.), Berlin, W. de Gruyter, 1981, S. 137f.

[116] KrV, A 115–A 119.

[117] KrV, A 119–A 128.

[118] Die zwei Teile der Argumentation der B-Deduktion (in den §§ 20-21 und im § 26) wiederholen diesen Gedankenschritt nicht, da (zumindest) der zweite Teil einer Deduktion „von oben" entspricht.

Erkenntnisquellen jeweils schlicht eine *apriorische* Grundlage gegenüber.

2.2 Die Deduktion „von oben"

Die Deduktion „von oben" wird in drei Schritten vollzogen.

Zunächst legt Kant dar, worin der höchste und anfängliche Punkt dieser Deduktion bestehen muss.

Was ist der höchste Punkt der Erkenntnis? Jede Erkenntnis überhaupt hat zwei wesentliche Bestandteile. Sie hat eine *Erfahrungs*komponente und eine *Einheits*komponente. Erkenntnis bedarf *Einheit zu einer möglichen Erfahrung*. Höchster Punkt dieser Einheit ist die „reine Apperzeption". Von hieraus muss die Deduktion „von oben" ihren Ausgang nehmen. Das heißt, jede Erkenntnis – und das bedeutet zunächst: jede Anschauung – muss *ins Bewusstsein aufgenommen werden* (können). Ohne Bewusstsein kann es keine Erkenntnis geben. Dieses Bewusstsein bezeichnet kein Objektbewusstsein, sondern *Selbstbewusstsein*. Dieses wiederum hat zwei Hauptcharakteristiken: Es ist *identisch* und *synthetisch*. Das Erkenntnissubjekt ist sich im Fluss seiner Vorstellungen, die es begleiten können muss, seiner *Identität* bewusst. Es hat aber *keine Sachhaltigkeit* und ist auch *nicht gegeben*. Das Bewusstsein seiner Identität entsteht vielmehr im *Akt der Synthese*, welche die Vorstellungen *notwendig verbindet* – und genau hierin besteht nun eben der *synthetische* Charakter des Bewusstseins. „Also gibt die reine Apperzeption ein Prinzip der synthetischen Einheit des Mannigfaltigen in aller möglichen Anschauung an die Hand."[119]

Letzterer „Satz" enthält drei wesentliche Erkenntnisse, die das soeben Auseinandergelegte erläutern und die angesprochenen Hauptcharakteristiken des Selbstbewusstseins fasslich machen und begründen.

Alle Vorstellungen müssen, wie soeben betont wurde, *bewusst sein können*, das heißt, sie müssen eine Beziehung auf ein *mögliches (empirisches) Bewusstsein* haben. Bewusstsein definiert Kant als „eine

---

[119] KrV, A 116f.

Vorstellung, dass eine andere Vorstellung in mir ist"; es ist die „allgemeine Bedingung alles Erkenntnisses überhaupt".[120] Das empirische Bewusstsein hat nun aber seinerseits eine notwendige Beziehung auf ein transzendentales Bewusstsein, und damit ist gemeint: auf das Selbstbewusstsein, auf die ursprüngliche Apperzeption.[121] Daraus ergibt sich für Kant, dass es *kein Bewusstsein ohne ein Selbstbewusstsein geben kann.*

Dies ist ein *synthetischer Satz* und das, was darin erkannt wird, nämlich, dass das empirische Bewusstsein das transzendentale Selbstbewusstsein impliziert, wird *a priori* erkannt; somit handelt es sich dabei um ein *synthetisches Urteil a priori*. Kants These lautet nun, dass dieser Satz nicht irgendein synthetischer Satz a priori, sondern „der schlechthin erste und synthetische Grundsatz unseres Denkens überhaupt"[122] ist.

(Drei Fragen stellen sich hier: Worin besteht genau der *synthetische* Charakter dieses Satzes? *Widerspricht* Kant in der B-Auflage dieser Auffassung, wenn er dort behauptet, der „Grundsatz der notwendigen Einheit der Apperzeption ist […] identisch, mithin ein *analytischer* Satz"?[123] Wie steht dieser Grundsatz zum „*obersten* Grundsatz *aller* synthetischen Urteile a priori"?

Die erste Frage kann folgendermaßen beantwortet werden: „[D]ass alles verschiedene *empirische Bewusstsein* in einem einigen Selbstbewusstsein verbunden sein müsse" ist notwendigerweise ein apriorisches Urteil, weil dieses „einige Selbstbewusstsein" kein empirisches, sondern ein transzendentales ist und diese Verbindung,

---

[120] I. Kant, *Logik* („Jäsche-Logik"), Akademie Textausgabe, Band IX, Berlin, W. de Gruyter, 1968, S. 33.
[121] Der Unterschied zwischen empirischem Bewusstsein und transzendentaler Apperzeption darf nicht mit jenem zwischen empirischem Bewusstsein und reinem Bewusstsein verwechselt werden. Letztere Unterscheidung spielt im Beweis des Prinzips der „Antizipationen der Wahrnehmung" (B 208) hinein. „Reines Bewusstsein" ist vom „empirischem Bewusstsein" lediglich dem „Grade nach" unterschieden, nämlich dadurch, dass dem empirischen Bewusstsein die Materialität, d. h. die Empfindung, entzogen wird. In den „Antizipationen der Wahrnehmung" wird Bewusstsein als Dimension der Anschauung verstanden, was somit auf einen ganz anderen Bewusstseinsbegriff verweist als auf denjenigen, von dem hier, im Deduktions-Kapitel, die Rede ist.
[122] KrV, A 117 (Fußnote).
[123] KrV, B 135.

wie gesagt, a priori erkannt wird. Weshalb ist dieses Urteil aber auch *synthetisch*? Die Tatsache, dass mir *verschiedene* empirische Vorstellungen bewusst und in *einem* Selbstbewusstsein *verbunden* sind, hat ihre *Notwendigkeit* darin, dass diese Vorstellungen, sofern sie *bewusst* sind, von *mir* gedacht werden. Dieses Ich ist *eines* und als solches erst einmal ein *analytisch* einiges. Dass es dazu nun aber auch ein *identisches* ist, ist im Begriff des Verbindens nicht enthalten. Der synthetische Charakter des Satzes besteht also im Übergang vom einigen Ich (Quantität) zum identischen Ich (dass das Ich hier „einerlei" ist, wurde bereits, wie schon erwähnt, von Fichte hervorgehoben und macht ihm zufolge dessen *qualitative* Einheit aus).[124]

Der „Grundsatz der synthetischen Einheit der Apperzeption" fällt mit dem Grundsatz, dass Bewusstsein je Selbstbewusstsein zur Voraussetzung hat, *nicht* zusammen. Ersterer behauptet, was im vorigen Punkt nur der erste Schritt war, nämlich, was es genau heißt, dass meine Vorstellungen eben *meine* Vorstellungen sind. Was eine Vorstellung zu einer *meinigen* macht, ist, dass hier ein *analytisches* Ich so hineinspielt, dass sie mit allen anderen meinen Vorstellungen synthetisiert wird und so eine „synthetische Einheit" all dieser Vorstellungen entsteht. Dass das Ich dabei aber auch *identisch* (also „einerlei") ist, wird dadurch (noch) nicht zum Ausdruck gebracht. Somit ist jener Satz in der Tat analytisch und *nicht* synthetisch. Das ist der Grund dafür, dass beide Sätze – der eine als synthetischer, der andere als analytischer – unterschieden werden müssen.

Dass jedes Bewusstsein die transzendentale Apperzeption impliziert, ist nun aber für Kant *in der Philosophie*, sofern sie zu einer „Wissenschaft" werden soll, der Grundsatz, auf den alle anderen synthetischen Urteile a priori aufbauen und zurückgeführt werden müssen. So wie bei Descartes das „Ego cogito" den *Gewissheitsmaßstab* für jede möglich Erkenntnis abgibt (eine Erkenntnis ist für Descartes nämlich nur dann eine Erkenntnis, wenn sie nicht weniger gewiss ist als eben jene Gewissheit, die ich habe, dass ich existiere, wenn ich je nur denke), ist jener oberste synthetische Grundsatz die Grundvoraussetzung für jedes synthetische Urteil a priori in der Philosophie.[125] Damit ist auch die dritte Frage beantwortet – beide Grundsätze fallen zusammen. Diese Antwort liegt dann auch dem

[124] J. G. Fichte-Gesamtausgabe, Band II, 1, „Nachgelassene Schriften 1780–1791", *op. cit.*, S. 311f.
[125] Siehe hierzu auch KrV, A 158/B 197.

Gedanken zugrunde, dass „die Bedingungen der *Möglichkeit der Erfahrung* [...] zugleich Bedingungen der *Möglichkeit der Gegenstände der Erfahrung*"[126] sind, denn das, was im „obersten Grundsatz" enthalten ist, sorgt dafür, dass die obersten Bedingungen der Möglichkeit der Erfahrung eine gegenstandskonstitutive Funktion haben. An die Tatsache, dass die „phänomenologische Kontraktion" „bewirkt" wird, schließt sich hier somit der Gedanke an, dass dieses „Bewirken" auch transzendental legitimiert werden kann und muss.)

Es wurde oben schon darauf hingewiesen, dass das „Ich", die transzendentale Apperzeption, zwar bewusst ist, aber keine Washeit an sich hat und auch nicht gegeben ist. Kant unterstreicht daher, dass es bzw. sie nicht in seiner bzw. ihrer *Wirklichkeit*, sondern nur als „*Vermögen*" betrachtet werden kann. Heißt das aber, dass Kant uns hier lediglich rein formale Bedingungen der Möglichkeit der Erkenntnis vorlegt? Diese Auffassung ist genauso wenig plausibel wie jene, die dieses Vermögen psychologisch-genetisch auslegt. Gerade hier, im Herzen der Kategorien-Deduktion, rechtfertigt sich somit eine *phänomenologische Interpretation* der hier auseinandergelegten Verhältnisse, welche sich nicht rein an den kantischen Buchstaben hält, sondern die impliziten Voraussetzungen sowie die Folgen von Kants Position offenbarmacht.

In einem zweiten Schritt erweist Kant nun, welcher Art die synthetische Einheit a priori des Mannigfaltigen in aller möglichen *Anschauung* sein muss. Diese verdankt sich seiner Behauptung zufolge der *reinen Synthesis der EINBILDUNGSKRAFT*, denn *nur sie* vermag es, das Mannigfaltige in einer Erkenntnis *zusammenzusetzen*. An dieser Stelle erläutert Kant nun, dass es sich dabei nur um eine *produktive* Synthesis der Einbildungskraft handeln kann, da sie a priori sein muss, während die *re*produktive Synthesis der Einbildungskraft ja auf Bedingungen der Erfahrung beruht. Das ist einleuchtender, als das in der „Synthesen-Deduktion"[127] dargetan wurde, wo – selbst auf der *nicht empirischen* Ebene – überall von „Reproduktion" die Rede war. Diese reine Synthesis der Einbildungskraft „geht bloß auf die Verbindung des Mannigfaltigen a priori", das heißt, sie ist,

---

[126] KrV, A 158/B 197.
[127] KrV, A 101f.

2. Die A-Deduktion

sofern sie zudem in einem a priori notwendigen Bezug zur ursprünglichen Apperzeption steht, „die reine Form aller möglichen Erkenntnis" überhaupt. Damit antwortet Kant schon eher auf die „Wie-Frage" als das in der „Synthesen-Deduktion" der Fall war. Wie diese Verbindung (mittels der transzendentalen Einbildungskraft) nun aber tatsächlich *konkret* zustande kommt und *wodurch* sie genau vollzogen wird, das wird hier (noch) nicht näher erläutert. Hierfür muss der Leser sich bis zur Auslegung der B-Deduktion gedulden. (Nicht einmal die Deduktion „von unten" wird diese Frage befriedigend beantworten.)

In einem dritten Schritt versucht Kant schließlich deutlich zu machen, wie hierdurch die Kategorien-Deduktion zu ihrem Abschluss kommt. Die These lautet: Durch die Einheit der Apperzeption – und dabei die Einheit der Synthesis der Einbildungskraft miteinbegreifend – kommt Einheit in die Vorstellung des Mannigfaltigen, sofern dieses sich auf mögliche Erfahrung bezieht. Dies geschieht mittels der Kategorien – wenn man berücksichtigt, dass die Tafel der Kategorien „die Verzeichnung aller ursprünglich reinen Begriffe der Synthesis [darstellt], die der Verstand a priori in sich enthält, und um deren willen er auch nur ein reiner Verstand ist".[128] Hieraus folgt, laut Kant, „dass der reine Verstand, vermittels der Kategorien,[129] ein formales und synthetisches Prinzip aller Erfahrungen sei, und die Erscheinungen eine *notwendige Beziehung auf den Verstand* haben".[130] Die objektive Gültigkeit der Kategorien wird also gleichsam lateral erwiesen, weil der Gegenstandsbezug durch die reine synthetische Apperzeption geleistet wird und die Kategorien dabei lediglich den Arten entsprechen, *hinsichtlich welcher* diese Synthesen sich vollziehen.

---

[128] KrV, A 80/B 106.

[129] Kant bestimmt die Kategorien hier noch einmal auf eine andere Weise, nämlich dadurch, dass sie jene reinen Erkenntnisse a priori sind, „welche die notwendige Einheit der reinen Synthesis der Einbildungskraft in Ansehung aller möglichen Erscheinungen enthalten", KrV, A 119.

[130] Ebd.

2.3 Die Deduktion „von unten"

Ohne die Gründe dafür anzugeben,[131] bietet Kant nun noch eine dritte subjektive Deduktion an – die Deduktion „von unten". Sie stellt die überzeugendste (und inhaltlich auch umfangreichste) der drei subjektiven Deduktionen in der A-Auflage dar. Diese Deduktion „von unten" geht vom unteren Erkenntnisvermögen sowie der entsprechenden „Vorstellungsart" aus. Dabei wird sie eine ganz bestimmte (empirische) Reihe verfolgen: Apprehension – Reproduktion – Assoziation – Rekognition.

Das untere Erkenntnisvermögen ist die Sinnlichkeit, ihr Gegenstand heißt „Erscheinung". Wenn sie mit der minimalen aber notwendigen Bewusstseinsdimension verbunden ist, heißt die Erscheinung[132] „Wahrnehmung". Hiervon wird ausgegangen. Eine Wahrnehmung kommt aber nicht einzeln vor, sondern ist stets vielfältig. Damit das Mannigfaltige in *einer* Anschauung (Kant spricht hier von

---

[131] W. Ritzel bestimmt in dem zitierten Artikel „Die transzendentale Deduktion der Kategorien 1781 und 1787" – und R. Schäfer ist ihm darin gefolgt (s. o.) – den zweiten Abschnitt der A-Deduktion als subjektive und den dritten Abschnitt als objektive Deduktion. Seine Argumentation stützt sich darauf, dass im ersten Fall lediglich der Bezug auf einen „*Gegenstand überhaupt*" hergestellt, während dieser Bezug im zweiten Fall auf die Erscheinung bzw. den *Erfahrungsgegenstand* ausgeweitet werde (wodurch erst das Hauptziel der *objektiven* Deduktion erreicht werde). Diese Lesart hat einiges für sich – insbesondere aufgrund einer gewissen Parallelität zur B-Deduktion, in der (s. u.) ein ähnlicher Gang (von der Anschauung *überhaupt* zu unserer – der *sinnlichen* – Anschauung) beschritten wird. Wie hier aber herausgestellt werden soll, ist (abgesehen von der wichtigen Frage, wie hier insbesondere die „synthetische" Methode zur Anwendung kommt) der Aufbau der Deduktionen „von oben" und „von unten" identisch zu jenem der Synthesen-Deduktion – mit den einzigen beiden Ausnahmen, dass im dritten Abschnitt der A-Deduktion die Rolle der produktiven Einbildungskraft sowie deren Intellektualisierung durch die transzendentale Apperzeption spezifiziert werden. Daher handelt es sich in allen drei Fällen offensichtlich doch um subjektive Deduktionen. Dies gilt umso mehr, als in der oben formulierten Kritik an der objektiven Deduktion im § 14 deutlich wurde, dass es gerade die Aufgabe der subjektiven Deduktion ist, die Möglichkeit des Bezugs auf den Erfahrungsgegenstand zu erklären, weil es sich hierbei ansonsten um ein bloßes „Hirngespinst" handeln könnte.

[132] Kant schreibt zwar „Erscheinung", korrekter wäre aber „Empfindung", denn die Wahrnehmung ist mit Bewusstsein begleitete Empfindung.

2. Die A-Deduktion

„Bild")[133] zusammengefasst werden kann, ist eine synthetisierende Handlung nötig, die Kant „*Apprehension*" nennt. Diese wird hier der *Einbildungskraft* zugesprochen, denn die Sinne vermögen es nicht, von sich aus eine derartige Verbindung herzustellen.[134]

Nun muss aber nicht nur eine Verbindung *innerhalb* einer Anschauung, sondern auch zwischen allen möglichen *Reihen* von Anschauungen bestehen, sonst wäre man immer in seinen gegenwärtigen Anschauungen gefangen und könnte sich keines Zusammenhangs mit anderen Anschauungen bewusst werden. Hierfür bedarf es einer zweiten Synthesisleistung der Einbildungskraft, die Kant als „*Reproduktion*" auffasst. Sowohl die Apprehension als auch die Reproduktion sind empirisch.

Kant verfolgt die Reihe nun weiter. Dabei werden jetzt zwei Gründe bzw. Regeln der Reproduktion zu Tage gefördert: das, was er einen *empirischen* Grund und das, was er einen *objektiven* Grund nennt. Wenden wir uns zunächst dem empirischen Grund der Reproduktion zu.

Wenn das Apprehendierte und Reproduzierte unverbunden im Gemüt umherschwirrte, wäre nicht mehr Erkenntnis möglich als im Vorigen. Die notwendige und maßgebliche Verbindung, die das Reproduzierte an immer neu Apprehendiertes adäquat anmisst, ist

---

[133] KrV, A 120, A 121. „Bild" steht hierbei für die synthetisch *verbundene* Erscheinung „zwischen" Schein und Ding an sich. Dies ist eine Präzisierung, die für den transzendentalen Idealismus höchst bedeutsam ist und oft unbemerkt bleibt. (Bergson wird in *Materie und Gedächtnis* [1896] einen ganz ähnlichen Bildbegriff gebrauchen – nämlich, in seiner eigenen Ausdrucksweise, „zwischen ‚Ding' und ‚Vorstellung'".)

[134] Die Fußnote, die Kant hier (in A 120) hinzufügt, könnte folgendermaßen umgeschrieben werden, um ihren Grundgedanken klarer hervortreten zu lassen: „Dass die Einbildungskraft eine notwendige Ingredienz der Wahrnehmung selbst sei, daran hat wohl noch kein Psychologe gedacht. Das kommt daher, weil man dieses Vermögen teils nur [was ja durchaus berechtigt ist] auf Reproduktionen einschränkte, teils, weil man glaubte, die Sinne lieferten uns nicht nur Eindrücke, sondern setzten solche auch *von sich aus* bereits zusammen und brächten dadurch Bilder der Gegenstände zuwege. Hierzu wird aber ohne Zweifel außer der Empfänglichkeit der Eindrücke noch etwas mehr, nämlich eine Funktion der Synthesis derselben erfordert – diese ist jedoch gerade *nicht* in den Sinnen enthalten, sondern muss vielmehr der *Einbildungskraft* entstammen. Deswegen ist die Einbildungskraft in der Tat bereits eine notwendige Ingredienz der Wahrnehmung."

die „Assoziation" – ein Ausdruck, der die Gemeinschaftlichkeit beider treffend beschreibt. Soweit also der *empirische* Grund.

Die Reproduktion nach Regeln der Assoziation verlangt aber darüber hinaus auch nach einem *objektiven* Grund. Denn die Assoziation findet ja rein im Gemüt statt, und es ist damit noch nicht ausgemacht, ob „in Wirklichkeit" dem dergestalt Assoziierten auch tatsächlich etwas entspricht, ob die so assoziierten Wahrnehmungen berechtigter Weise (also „objektiv") „assoziabel" sind. Kant nimmt einen solchen objektiven Grund in Anspruch und nennt ihn „Affinität". Worin liegt diese nun ihrerseits begründet?

Die Affinität ist der Grund dafür, dass die apprehendierten und reproduzierten Wahrnehmungen sich in *einem* Bewusstsein darstellen können. Dafür kann nun laut Kant allein die *Einheit dieses selben Bewusstseins* der Grund sein. Der Grund der Affinität ist somit die Einheit der Apperzeption. Damit Erfahrung und Erkenntnis möglich sind, müssen die Erscheinungen auf eine objektiv notwendige Weise synthetisch verknüpft werden (also nicht nur durch Apprehension, Reproduktion und Assoziation [wodurch sich auch die wichtige Rolle der *Einbildungskraft* bei der Grundlegung der Affinität bemerkbar macht], sondern auch und vor allem auf eine Weise, die *Objektivität* in die Wahrnehmungen hineinbringt), und zwar in Zusammenstimmung mit besagter Einheit der Apperzeption. Das gilt es nun noch weiter auseinanderzulegen. Hierbei ist insbesondere das Verhältnis von reiner Apperzeption und produktiver Einbildungskraft zu klären, um aufzuweisen, wie durch diese Klarstellung die Kategoriendeduktion dargetan werden kann.

Hierfür ist der Passus in A 123–A 125 von zentraler Bedeutung. Kants in diesen vier Absätzen ausgeführte Argumentation kann in Form eines Syllogismus dargestellt werden:

Obersatz: Die *transzendentale (produktive) Einbildungskraft* – qua Vermögen der notwendigen Einheit in der Synthesis des Mannigfaltigen – *ist die Bedingung der Möglichkeit der Erfahrung*[135] (und dabei ausdrücklich auch der „Affinität" der Erscheinungen)[136] und zwar insbesondere deswegen, weil ihr zwischen dem Mannigfaltigen der Anschauung und dem einheitsstiftenden Verstand,

---

[135] KrV, A 123 sowie A 124.
[136] KrV, A 123.

2. Die A-Deduktion

der die Bedingung der notwendigen Einheit der Apperzeption enthält, eine Vermittlerrolle zukommt.[137]

Untersatz: Zu der allerdings bloß *sinnliche* Synthesen vollziehenden Einbildungskraft muss sich nun noch die *Apperzeption* hinzugesellen,[138] da nur hierdurch die Funktionen der Einbildungskraft *intellektuell*[139] gemacht werden und das heißt: *Kategorien zustande kommen* können, die durch dieselbe Einbildungskraft auf die sinnliche Anschauung angewendet werden.[140]

Schlussfolgerung: *Also haben die Kategorien objektive Realität*, denn auf „ihnen gründet sich [...] alle formale Einheit in der Synthesis der Einbildungskraft, und vermittelst dieser auch alles empirischen Gebrauchs derselben (in der Rekognition, Assoziation, Reproduktion, Apprehension) bis herunter zu den Erscheinungen, weil diese nur vermittelst jener Elemente der Erkenntnis und überhaupt unserem Bewusstsein, mithin uns selbst angehören können."[141]

Erläutern wir nun diese Argumentation. Welches ist die höchste Erkenntnisquelle in dieser A-Deduktion? In der B-Deduktion wird Kant es für notwendig erachten, die *transzendentale Apperzeption* als diesen höchsten Punkt herauszustellen. Ist dem hier auch so? In der Tat (und diese Frage wurde auch am Ende der „Synthesen-Deduktion" sowie am Anfang der Deduktion „von oben" bereits beantwortet). Trotz der Tatsache, dass die produktive Einbildungskraft als Bedingung der Möglichkeit der Erfahrung präsentiert wird, ist auch hier der Apperzeption der Vorrang zu geben. Nur durch sie wird nämlich eine *sinnliche* zu einer den *Gegenstandsbezug* herstellenden Synthese.[142] Und damit hängen freilich auch die Funktionen

---

[137] KrV, A 124. Wie aber oben bereits betont wurde, wird auf die spezifische Weise, *wie* die produktive Einbildungskraft verfährt, auch hier nicht näher eingegangen.

[138] Ebd.

[139] Die Intellektualisierung der Funktionen der Einbildungskraft ist ein weiterer wesentlicher Aspekt der „phänomenologischen Kontraktion".

[140] Ebd.

[141] KrV, A 125.

[142] In der B-Deduktion wird Kant das Verhältnis dann umdrehen: Erst in einem *zweiten* Schritt (in den Paragraphen 24 und 26) wird gezeigt, wie *nach* dem Erweis der Gültigkeit der Kategorien für das Mannigfaltige einer gegebenen Anschauung *überhaupt*, wodurch der *Gegenstandsbezug* hergestellt wird (= *erster* Schritt bis zum § 21), diese Gültigkeit *dann* auch für unsere *sinnliche* Anschauung aufgewiesen werden kann.

der Kategorien zusammen, auf deren Deduktion es hier ja ankommt, denn hinsichtlich *ihrer* findet die Gegenstandsbezug herstellende Synthese statt. Nochmals zusammengefasst: Die Kategoriendeduktion hat ihr Prinzip darin, dass nur durch die notwendige, eben die Kategorien ins Spiel bringende Intellektualisierung der transzendentalen Einbildungskraft die objektive Synthese des Mannigfaltigen der Anschauung gewährleistet werden kann.

Kant schließt diesen Abschnitt mit einer grundsätzlichen Überlegung zum Verhältnis von reinem Verstand und Natur ab. Vorerst noch einmal zwei Definitionen:

Verstand: Der Verstand ist das *Vermögen der Regeln* bzw., wenn sie objektiv sind, *der Gesetze*. (Kant sieht diese Definition noch treffender an als alle übrigen, die den *einheits*stiftenden Charakter des Verstandes betont hatten. Der Verstand hat somit über seine synthetisierenden Leistungen hinaus doch einen „Inhalt": Er ist das Vermögen der Grundsätze aller Erfahrung.)

Natur: Die Natur besteht in der synthetischen Einheit des Mannigfaltigen der Erscheinungen nach Regeln. (Dies entspricht dem bereits erläuterten formalen Naturbegriff.)

Nun abstrahiert der Verstand die Gesetze nicht aus den Erscheinungen, sondern er schreibt der Natur die Gesetze vor, das heißt „ohne Verstand würde es überall nicht Natur, d. h. synthetische Einheit des Mannigfaltigen der Erscheinungen nach Regeln geben".[143] Kant setzt dem noch hinzu, dass die Ordnung und Regelmäßigkeit der Natur durch den Verstand in dieselbe gleichsam „hineingelegt" wird, ja gar, dass „alle Erscheinungen […] als mögliche Erfahrungen […] a priori im Verstande […] liegen" und „ihre formale Möglichkeit von ihm"[144] erhalten.[145] Der Verstand ist also „Quelle der Gesetze der Natur und mithin der formalen Einheit der Natur, […] und […] alle empirischen Gesetze sind nur besondere Bestimmungen der reinen Gesetze des Verstandes, unter welchen

---

[143] KrV, A 126f.
[144] KrV, A 127.
[145] Dem hierbei eventuell anzubringenden Intellektualismusvorwurf begegnet Kant so, dass er mit der Einheit der Apperzeption einen *transzendentalen Grund* für die notwendige Gesetzmäßigkeit der Erscheinungen in der Erfahrung angibt (A 127). Die Transzendentalphilosophie muss somit in aller Deutlichkeit vom dogmatischen Intellektualismus unterschieden werden.

2. Die A-Deduktion

und nach deren Norm jene allererst möglich sind und die Erscheinungen eine gesetzliche Form annehmen".[146] Wie begründet Kant all diese Behauptungen? Schlichtweg dadurch, dass auf keinem anderen Wege verständlich gemacht werden kann, wie Natur „notwendige, d. h. a priori gewisse Einheit der Verknüpfung der Erscheinungen sein"[147] kann. Dies beruht mit anderen Worten darauf, und dadurch erweist sich wiederum die Synthesis der Rekognition als die maßgebliche Synthese, dass die wirkliche Erfahrung aus Apprehension, reproduktiver Assoziation und Rekognition besteht und *dieser letzteren* die Kategorien zugrunde liegen, welche die formale Einheit der Erfahrung möglich machen. Allein hierdurch, so Kant, erhält die empirische Erkenntnis „Wahrheit", das heißt, „objektive Gültigkeit". Auf den Punkt gebracht bedeutet das, dass die „formale Einheit in der Synthesis der Einbildungskraft" den empirischen Gebrauch der Erkenntnisvermögen sichert und dass diesem empirischen Gebrauch die transzendentale Apperzeption zugrunde liegt, die – vermittels der Kategorien – die synthetische Einheit des Mannigfaltigen der Erscheinungen nach Regeln gewährleistet. Dabei besteht die objektive Gültigkeit der subjektiven Gründe der synthetischen Einheit darin, dass sie die „Gründe der Möglichkeit sind, überhaupt ein Objekt in der Erfahrung zu erkennen".[148] Das „Hineinlegen" hängt also mit dem „Ermöglichen" zusammen, woraus ersichtlich wird, dass auch der „Natur"-Begriff für Kant letztlich an den Begriff der „Ermöglichung" gekoppelt ist.

Kant beschließt diesen Gedanken so:

Der reine Verstand ist also in den Kategorien das Gesetz der synthetischen Einheit aller Erscheinungen und macht dadurch Erfahrung ihrer Form nach allererst und ursprünglich möglich. Mehr aber hatten wir in der transzendentalen Deduktion der Kategorien nicht zu leisten, als dieses Verhältnis des Verstandes zur Sinnlichkeit, und vermittelst derselben zu allen Gegenständen der Erfahrung, mithin die objektive Gültigkeit seiner reinen Begriffe a priori begreiflich zu machen und dadurch ihren Ursprung und Wahrheit festzusetzen.[149]

---

[146] KrV, A 127f.
[147] KrV, A 125.
[148] KrV, A 125f.
[149] KrV, A 128.

Der letzte Satz macht deutlich, dass Kant hier den letzten entwickelten Gedanken an die Hauptaufgabe der objektiven Deduktion anbindet. Daraus ist zu ersehen, dass er die objektive Deduktion mit der geleisteten subjektiven Deduktion als vereinbar ansieht.

Bevor wir zum letzten Abschnitt der A-Deduktion kommen, soll nur noch kurz erörtert werden, in welchem Verhältnis die „Deduktion von oben" und die „Deduktion von unten" zueinander stehen. Beide sind, wie gesagt, subjektive Deduktionen. Und sie laufen beide auch auf ein fast identisches Ergebnis hinaus – in beiden Fällen wird die konstitutive Rolle der „phänomenologischen Kontraktion" sowie der Einbildungskraft hervorgehoben. Zwei markante Unterschiede lassen sich gleichwohl zwischen ihnen feststellen. Zum einen insistiert die Deduktion „von unten" stärker auf der *notwendigen Intellektualisierung* (durch die reine Apperzeption) *der produktiven Einbildungskraft*, als das in der Deduktion „von oben" der Fall gewesen ist und macht somit, wie gesagt, einen weiteren essenziellen Aspekt der „phänomenologischen Kontraktion" deutlich. Zum anderen legt die Deduktion „von unten" klarer dar, worin genau das Verhältnis zwischen den apriorischen Grundsätzen des Verstandes und den empirischen Naturgesetzen besteht. Dieser Punkt geht aber über die eigentliche Aufgabe der Kategorien-Deduktion hinaus und wird erst im Kapitel, das vom System aller Grundsatze des reinen Verstandes handelt, wiederaufgenommen.

2.4 Summarische Vorstellung der Richtigkeit und einzigen Möglichkeit dieser Deduktion der reinen Verstandesbegriffe

In diesem Abschnitt wird noch eine *vierte* und letzte Fassung der Kategorien-Deduktion (in der A-Ausgabe) vorgelegt. Der Gedankengang, der nun wiederum eine *objektive* Deduktion[150] darstellt,

---

[150] Im Gegensatz zu den drei vorigen Deduktionen, die nach der „synthetischen" Methode verfahren, wendet Kant hier die „analytische" Methode an. Wie bereits einleitend bemerkt wurde, liefern diese beiden Methodenarten (neben der „Statizität" und der „Dynamizität") ein verlässliches Kriterium, um diese Kennzeichnung der unterschiedlichen Deduktionstypen in der A-Deduktion zu rechtfertigen.

2. Die A-Deduktion

geht dabei von der Einsicht des kantischen transzendentalen Idealismus aus, dass wir es in der Erkenntnis notwendig mit *Erscheinungen* zu tun haben und fragt dann danach, weshalb es notwendig ist, dass die Kategorien den empirischen Erkenntnissen zugrunde liegen und ihnen vorausgehen müssen – was ja laut der in der Einleitung gelieferten Charakterisierung die genuine Aufgabenstellung der objektiven Deduktion ist. Die Argumentation lautet folgendermaßen:

Erscheinung heißt: Der Gegenstand ist in uns.[151] Das ist eine beachtenswerte Erläuterung, die über den allgemeinen Rahmen der ersten objektiven Deduktion hinausgeht und wichtige Folgen haben wird.

Der Gegenstand ist *in* uns, bedeutet nämlich: Er macht eine Reihe von *Bestimmungen des identischen Selbst* aus. (Der Gegenstand ist stets durch vielfältige Wahrnehmungen gegeben, die in einem „Bild" verbunden werden; und diese bedürfen jedes Mal der Identität der Apperzeption.)

---

[151] Nochmals zum Gegenstand: Der Gegenstand ist der Oberbegriff für „Erscheinung" und „Ding an sich" (wenn die *bewusste* Erscheinung, wie gesagt, dazu noch *synthetisch verbunden* wird, handelt es sich um ein „Bild", das die fundamentale Rolle der Einbildungskraft zum Ausdruck bringt). Erscheinung und Ding an sich sind zwei unterschiedliche Sichtweisen auf ein und denselben Gegenstand (einmal unter der Berücksichtigung des Bezugs des Erkenntnissubjekts auf ihn und einmal außerhalb eines solchen Bezugs). Darüber hinaus ist der transzendentale Gegenstand = X Ausdruck für den *rein formalen* Bezug auf „etwas überhaupt", während das „Ding an sich" darüber hinaus dasjenige ist, was den Erscheinungen und ihrer Sachhaltigkeit zugrunde liegt, *ohne dass darum überhaupt etwas Inhaltliches über das Ding an sich ausgesagt und insbesondere eine* kausale *Wirkung auf das Subjekt angenommen werden könnte* – „Kausalität" ist eine Kategorie, die nur auf *Erfahrung* angewandt werden kann, das Ding an sich ist dagegen über jede Erfahrung *hinaus*. Alle Kommentatoren, die Kant Widersprüchlichkeit in Bezug auf das Ding an sich vorwerfen – der berühmteste ist F. H. Jacobi (demzufolge man „ohne jene Voraussetzung [des Dings an sich] in das [kantische] System nicht hineinkommen, und mit jener Voraussetzung darin nicht bleiben" könne, *Über den transzendentalen Idealismus* [1787], Beilage zu *David Hume über den Glauben*, Darmstadt, WBG, 1968, S. 304) – missverstehen daher Kants Grundgedanken.

Der Gegenstand macht eine Reihe von *Bestimmungen des identischen Selbst* aus, heißt sodann: Es ist notwendig, dass eine zugrundeliegende *identische Apperzeption* eine durchgängige Einheit dieser Bestimmungen erzeugt.

Diese *identische Apperzeption* ist die *Form aller Erkenntnis der Gegenstände.*

Ergo gibt es eine intellektuelle Form der Erkenntnis der durch reine Einbildungskraft und Apperzeption synthetisierten Gegenstände, welche (scil. die Form der Erkenntnis) der Erkenntnis der Gegenstände *vorhergeht*,[152] nämlich als das, was das Eintreten des Mannigfaltigen der Anschauung ins Bewusstsein und das Denken (mittels der Kategorien) der Gegenstände a priori möglich macht. Man sieht somit, dass Kant hier den „schlechthin erste[n] und synthetische[n] Grundsatz unseres Denkens überhaupt" auch in dieser objektiven Deduktion aufdeckt.

Er schließt die Deduktion mit folgenden Worten ab:

Reine Verstandesbegriffe sind also […] darum […] notwendig, weil unsere Erkenntnis mit nichts als Erscheinungen zu tun hat, deren Möglichkeit in uns selbst liegt, deren Verknüpfung und Einheit (in der Vorstellung eines Gegenstandes) bloß in uns angetroffen wird, mithin vor aller Erfahrung vorhergehen und diese der Form nach auch allererst möglich machen muss. Und aus diesem Grunde, dem einzigmöglichen unter allen, ist denn auch unsere Deduktion der Kategorien geführt worden.[153]

Anders ausgedrückt: *Wenn* die Gegenstände keine Dinge an sich sind, sondern Erscheinungen, dann muss ihnen eine – vermittels der Kategorien – Einheit stiftende transzendentale Apperzeption zugrunde liegen. Jene *sind* in der Tat Erscheinungen. Also muss um der Erkenntnis willen eine auf die aufgewiesene Art mit Kategorien operierende (nämlich dadurch Einheit stiftende) transzendentale Apperzeption angenommen werden. Genau hierin liegt die objektive Realität der Kategorien begründet.

---

[152] Fichte wird diesen Gedanken am Anfang der *Darstellung der Wissenschaftslehre* von 1801 wiederaufnehmen und verallgemeinern (siehe etwa den § 9), wenn er vom transzendentalen, „absoluten" Wissen als „formalem Wissen" spricht, das eine apperzeptive Selbstreferenzialität aufweist.
[153] KrV, A 130.

2. Die A-Deduktion

Bemerkenswert ist Kants Insistieren auf der Idee einer „einzigmöglichen" Deduktion – was aufgrund der Vielfalt der angebotenen Deduktionen (insgesamt bislang fünf) verwunderlich erscheint. Das ist aber leicht erklärlich, denn es wurde bereits betont, dass die Aufgabe der transzendentalen Deduktion überhaupt, deren Hauptgeschäft mit der objektiven Deduktion erledigt ist, mit jener der subjektiven Deduktion zusammenfällt. Dass die Deduktion eine „einzigmögliche" ist, schließt aber nicht aus, dass aufgrund der Komplexität ihrer Materie unterschiedliche Ansätze nötig und verschiedene Darstellungsweisen möglich sind. Bevor das an der B-Deduktion veranschaulicht wird, soll erst Heideggers lehrreiche Deutung der Kategorien-Deduktion in der A-Auflage vorgestellt werden.

EXKURS: HEIDEGGERS DEUTUNG DER A-DEDUKTION

Für Sinn und Gehalt der Heidegger'schen Auslegung von Kants Kategorien-Deduktion (in der A-Auflage) können sowohl die Vorlesung von 1927/28 *Phänomenologische Interpretation von Kants Kritik der reinen Vernunft* als auch das 1929 erschienene Buch *Kant und das Problem der Metaphysik* herangezogen werden. Da die Vorlesung das Deduktions-Kapitel präziser und vertiefter behandelt, wird hier praktisch ausschließlich auf sie Bezug genommen.

Heidegger erkennt von Anfang an, worin Kants *Grundproblem*[154] der Erkenntnistheorie in der *Kritik der reinen Vernunft* besteht – nämlich in der Frage nach der Möglichkeit des Bezugs unserer *Vorstellungen* auf einen *Gegenstand*. Was ermöglicht es, dass unsere Vorstellungen *Realität* haben? Nicht von ungefähr zitiert Heidegger Kants Brief an Markus Herz vom 21. Februar 1772: „Ich frug mich nämlich selbst: Auf welchem Grunde beruhet die Beziehung desjenigen, was man in uns Vorstellungen nennt, auf den Gegenstand."[155] Eine erste These der hier vorliegenden Auslegung besagt, dass Heidegger die Frage der Kategorien-Deduktion in der Tat zur Grundfrage von Kants *Gesamtprojekt* der ersten Vernunft-Kritik macht. Wir werden sogleich sehen, dass dieselbe Problematik bereits bei der Frage nach dem Leitfaden der möglichen Aufstellung einer Kategorien-Tafel vorherrschend sein und sich dann auch bis in das Schematismus-Kapitel hinein erstrecken wird.

---

[154] *Phänomenologische Interpretation von Kants* Kritik der reinen Vernunft, S. 57. Später konkretisiert Heidegger das „Grundproblem der ‚Kritik'" auch so: „Wie können Zeit und Ich-denke, die beide je Bestimmungen der Subjektivität sind, in dieser sich selbst einigen? Noch radikaler gefragt: Wie *ist* diese Subjektivität selbst in ihrer Grundverfassung, dass sie so etwas wie Zeit und Ich-denke einigen kann?", a. a. O., S. 162.

[155] *Phänomenologische Interpretation von Kants* Kritik der reinen Vernunft, S. 53.

Die phänomenologische Methode

Heidegger setzt Kants kritische Methode mit der Methode der Phänomenologie überhaupt gleich.[156] Der phänomenologische Ansatz ist laut Heidegger kein *empirischer* (also weder ein solcher in Bezug auf ein *vorausgesetztes psychologisches* Bewusstsein noch auf einen *anthropologischen* Begriff des Menschen), aber auch kein *formal-logischer*. Phänomenologie geht über Psychologie und Logik *hinaus*. Die Phänomenologie nimmt somit eine Dimension in Anspruch, die eine eigene Gesetzlichkeit hat und sich weder auf Psychologismus noch auf Formalismus zurückführen lässt.[157]

Wie ist nun diese spezifische phänomenologische Ebene oder Sphäre genau zu verstehen? Entscheidend ist die Hervorkehrung der fundamentalen Rolle der *Subjektivität*. Die Phänomenologie stellt, wie das auch ganz explizit von Husserl und Fink stets hervorgehoben wird, das *Subjekt* in seiner *Bezughaftigkeit auf Objekt(iv)ität* heraus (Heidegger bezeichnet dies als ein „Verhalten des existierenden Daseins").[158] Dabei wird zum einen der Subjekt-Objekt-Bezug auf die Ebene der *Vorstellung* verlegt.[159] Und zum anderen wird hierbei auch der *Anschauungs*charakter des Erkennens betont.[160] *Bei alledem* dürfen aber „Subjektivität", „Subjekt", „Vorstellung" und „Anschauung" weder als real vorhanden noch als psychisch vollzogen aufgefasst werden. Ihr Status ist vielmehr *transzendental-phänomenologisch*, was die bekannte phänomenologische Methode (nämlich Epoché und Reduktion) zur Voraussetzung hat. Die Phänomenologie ist also weder ein Empirismus (Locke, Berkeley, Hume), noch ein Rationalismus (Descartes, Spinoza, Leibniz). Sie ist keine Naturphilosophie (im Sinne Schellings) und auch kein absoluter Idealismus

---

[156] *Phänomenologische Interpretation von Kants* Kritik der reinen Vernunft, S. 71.

[157] *Phänomenologische Interpretation von Kants* Kritik der reinen Vernunft, S. 324.

[158] Siehe hierzu *Phänomenologische Interpretation von Kants* Kritik der reinen Vernunft, S. 71–72.

[159] *Phänomenologische Interpretation von Kants* Kritik der reinen Vernunft, S. 148.

[160] *Phänomenologische Interpretation von Kants* Kritik der reinen Vernunft, S. 83.

(im Sinne Hegels). Und sie ist auch kein Naturalismus und kein Formalismus (was auch jede Annäherung von Phänomenologie und Kognitivismus und überhaupt jeden Ansatz einer „Naturalisierung" des Bewusstseins sowie der Intentionalität ad absurdum führt). Die Phänomenologie ist ein *transzendentaler Idealismus*, der sich der Aufklärung des Sinns – d. h. der *Sinnbildung* – verschreibt. Und die maßgebliche Aufgabe ist dabei – sowohl für Kants Transzendentalphilosophie *als auch* für die Phänomenologie – aufzuweisen, wie der Bezug auf einen Gegenstand, bzw. auf Gegenständlichkeit (Husserl bezeichnet das „Transzendenzproblem" schon relativ früh [1907] als das „Leitproblem der Erkenntniskritik"[161] und damit der transzendentalen Phänomenologie), möglich ist.

Heidegger geht aber noch einen Schritt weiter. Die Phänomenologie ist für ihn nicht nur eine spezifische Methode, die es gestattet, den Subjekt-Objekt-Bezug *angemessen*, nämlich *transzendental-phänomenologisch* und nicht lediglich empirisch-real zu fassen. Darüber hinaus geht es in ihr in gleichem Maße auch um die Möglichkeit einer *Grundlegung der Philosophie* überhaupt.[162] Näherhin besteht die phänomenologische Methode zu diesem Zweck in der *Sichtbarmachung* und *Bestimmung* „des" *Fundaments*. Konkret heißt das *in der Transzendentalphilosophie Kants*, dass sie die Aufweisung des gemeinsamen und ursprünglichen Grundes (bzw. des „Fundaments") von Logik und Ästhetik zum Ziel hat;[163] *in der transzendentalen Phänomenologie* besteht dieses „Fundament" in der transzendentalen Verfassung des Subjekts.[164] Heidegger fasst die phänomenologische Interpretation somit allgemein als eine „fundamentalontologische Explikation von Grundstrukturen"[165] – in seiner Sicht: die des „Daseins" (das kann hier freilich beiseitegelassen werden); allgemein gesprochen: die der transzendentalen Subjektivität. Dabei hängen natürlich diese beiden Hauptaspekte zusammen. Nur *insofern* der *Bezug* vom Subjekt zum

---

[161] E. Husserl, *Die Idee der Phänomenologie, Husserliana II*, W. Biemel (Hsg.), Den Haag, M. Nijhoff, 1950, S. 36.
[162] *Phänomenologische Interpretation von Kants* Kritik der reinen Vernunft, S. 72.
[163] *Phänomenologische Interpretation von Kants* Kritik der reinen Vernunft, S. 79.
[164] *Phänomenologische Interpretation von Kants* Kritik der reinen Vernunft, S. 332.
[165] *Phänomenologische Interpretation von Kants* Kritik der reinen Vernunft, S. 318.

Objekt plausibel gemacht wird, kann auch die Frage nach der Grundlegung der Philosophie beantwortet werden.

Ein dritter Aspekt ist zweifellos der umstrittenste, aber philosophisch dennoch sehr bedeutsam. Für Heidegger ist die Fokussierung auf die Logik und die logischen Verhältnisse sowie – und vor allem – das Beiseitelassen der Einbildungskraft bei der Aufklärung der konstitutiven Verhältnisse gerade *nicht* phänomenologisch.[166] Im Umkehrschluss kehrt die Phänomenologie gerade dort in das ihr Ureigene ein, wenn sie sich dem Vorrang der Einbildungskraft (insbesondere gegenüber der objektivierenden Wahrnehmung) zuwendet.[167]

Gegenstandsbeziehung und „ontologische Erkenntnis"

Hauptaufgabe der transzendentalen Logik ist es, den Bezug auf Gegenstände zu erklären.[168] Diese Frage ist eine *Ursprungs*frage: Es geht in ihr um den „Ursprung der Denkbestimmungen der Gegenstände".[169]

Hierbei vollzieht Heidegger nun eine sachliche *Verschiebung*.[170] Diese betrifft den Begriff des „Transzendentalen". Anstatt sich auf die *kantische* Frage zu beschränken, wie eben der apriorische Bezug auf den Gegenstand (= X) möglich ist, legt er – und darin besteht eine zweite These – die Frage nach der „transzendentalen Möglichkeit" synthetischer Erkenntnis als die nach der „*Sachhaltigkeit*" qua „*realer* Möglichkeit" aus. Dabei wird der Frage nach dem möglichen Gegenstandsbezug jene nach der *Sachhaltigkeit* qua „ONTOLOGISCHER *Erkenntnis*" untergeschoben. Heidegger führt somit die Problematik der „Seinsverfassung des Seienden" dort ein, wo es

---

[166] Siehe ebd.

[167] Dies wird in der Phänomenologie aber erst im 21. Jahrhundert ganz deutlich, siehe hierzu insbesondere das Werk von Marc Richir.

[168] *Phänomenologische Interpretation von Kants* Kritik der reinen Vernunft, S. 175.

[169] *Phänomenologische Interpretation von Kants* Kritik der reinen Vernunft, S. 185.

[170] Einschlägig hierfür: *Phänomenologische Interpretation von Kants* Kritik der reinen Vernunft, S. 186 f.

laut Kant „nur" um die Möglichkeit des apriorischen Gegenstandsbezugs geht. Die Unterschiebung der „Sachhaltigkeit" unter den Begriff des Transzendentalen, sofern dieser doch in Wirklichkeit lediglich die Möglichkeit des Bezugs auf den Gegenstand meint, macht die Hauptabweichung von Heideggers Kant-Auslegung gegenüber dem kantischen Text selbst aus. Dieser Schritt ist wohlüberlegt und geschieht ganz bewusst, denn Heidegger ist sich ja der sachangemessenen Auffassung der transzendentalen Problematik, sofern diese das Denken der *apriorischen Gegenstandsbezogenheit* betrifft, voll und ganz im Klaren.[171] Er kommt der Gleichsetzung von „transzendentaler Wahrheit" und „ontologischer Wahrheit" gleich.[172] Das äußert sich dann auch in Heideggers Auslegung der Grundthematik der transzendentalen Deduktion, die er als „Methode der *ontologischen* Untersuchung der Elemente der reinen Erkenntnis"[173] auslegt.

Heideggers Auslegung des § 10 der Kritik der reinen Vernunft

Es[174] geht in diesem Paragraphen um die Aufweisung des Ursprungs der Kategorien aus dem reinen Verstandesvermögen. Zentral hierfür ist der mehrdeutige Begriff der „Synthesis". Die hier maßgebliche Bedeutung der Synthesis ist diejenige, die für die „Bezogenheit auf Gegenstände"[175] verantwortlich ist. Diese Bezogenheit entspringt laut Heidegger rein der Einbildungskraft.[176] Er

---

[171] Siehe hierzu *Phänomenologische Interpretation von Kants* Kritik der reinen Vernunft, S. 193, 329, 333 et passim.

[172] *Phänomenologische Interpretation von Kants* Kritik der reinen Vernunft, S. 194.

[173] *Phänomenologische Interpretation von Kants* Kritik der reinen Vernunft, S. 215 (hervorgehoben v. Vf.).

[174] Zu dieser gesamten Auslegung, siehe *Phänomenologische Interpretation von Kants* Kritik der reinen Vernunft, S. 264–292.

[175] *Phänomenologische Interpretation von Kants* Kritik der reinen Vernunft, S. 265.

[176] *Phänomenologische Interpretation von Kants* Kritik der reinen Vernunft, S. 279.

erkennt diesem Vermögen eine „Doppelfunktion"[177] zu. Die Einbildungskraft ist „Funktion" *und* „Anschauung" – wobei diese Anschauung nicht auf einer Affektion beruht.[178] So weit, so gut. Der entscheidende Schritt, der Heideggers gesamten Ansatz kennzeichnet und in dem er, wie gesagt, von Kant grundlegend *abweicht*, besteht darin, dass er das, was der Einbildungskraft *epistemisch* zukommt, nämlich *anschauend* zu sein, auf die *Gegenstandsseite* verlagert und dadurch *ontologisiert*. Anstatt den „bildenden" Charakter der Einbildungskraft rein auf der Seite der Erkenntnis zu belassen, wird er einem „*Gegenständliche[n]* von Mehreren"[179] zugesprochen. Dementsprechend wird die Einbildungskraft dann auch als bildendes Vermögen aufgefasst, dessen reine Synthesis „imaginative Einigung" von einem bestimmten „*Inhalt*" ist – nämlich „von reiner *Zeitmannigfaltigkeit*".[180] Heidegger drückt diese inhaltliche Verschiebung so aus: „Diese Einheit der reinen Synthesis [der Einbildungskraft] ist nicht einfach die leere Einheit eines Begriffes überhaupt, sondern sie ist eine aus der Synthesis selbst, d. h. aus dem Mannigfaltigen der Zeit entspringende Einheit."[181] Von hier aus kann Heidegger dann seine Hauptthese bezüglich des Ursprungs der Kategorien formulieren: „*Der reine Verstandesbegriff wird gar nicht durch die reine formallogische Funktion des Urteils gegeben, sondern er entspringt der imaginativen, anschauungs-, d. h. zeitbezogenen Synthesis.*"[182] Der Ursprung der Kategorien sei *nicht* die Funktion des Urteilens, sondern die reine Synthesis der Einbildungskraft! *Diese* gebe „den reinen Verstandesbegriff".[183]

---

[177] *Phänomenologische Interpretation von Kants Kritik der reinen Vernunft*, S. 278.
[178] In diesem anschaulichen Fungieren besteht das, was der Vf. eine „phänomenologische Konstruktion" nennt (siehe *Was ist Phänomenologie?*, Frankfurt am Main, Klostermann, 2019).
[179] *Phänomenologische Interpretation von Kants Kritik der reinen Vernunft*, S. 275 (hervorgehoben v. Vf.).
[180] *Phänomenologische Interpretation von Kants Kritik der reinen Vernunft*, S. 282 (hervorgehoben v. Vf.).
[181] *Phänomenologische Interpretation von Kants Kritik der reinen Vernunft*, S. 283.
[182] *Phänomenologische Interpretation von Kants Kritik der reinen Vernunft*, S. 284.
[183] *Phänomenologische Interpretation von Kants Kritik der reinen Vernunft*, S. 282.

Diese Ontologisierung der Funktion der Einbildungskraft, die bereits hier den Kategorien einen Inhalt verleiht, ist, wenn man sich an Kants Text hält, mit diesem nicht vereinbar. Heidegger sieht das auch, weswegen er am Ende des § 21 klar zum Ausdruck bringt, dass „die Einbildungskraft und der Verstand im Kampf liegen". Wohl aber muss, um den *Ursprung* der Kategorien bestimmen zu können, folgender Bemerkung die ganze Aufmerksamkeit gewidmet werden. Kant schreibt in diesem Zusammenhang:

Das erste, was uns zum Behuf der Erkenntnis aller Gegenstände a priori gegeben sein muss, ist das *Mannigfaltige* der reinen Anschauung; die *Synthesis* dieses Mannigfaltigen durch die Einbildungskraft ist das zweite, gibt aber noch keine Erkenntnis. Die Begriffe, welche dieser reinen Synthesis *Einheit* geben, und lediglich in der Vorstellung dieser notwendigen synthetischen Einheit bestehen, tun das dritte zur Erkenntnis eines vorkommenden Gegenstandes, und beruhen auf dem Verstande.

Dieselbe Funktion, welche den verschiedenen Vorstellungen in *einem Urteile* Einheit gibt, die gibt auch der bloßen Synthesis verschiedene Vorstellungen *in einer Anschauung* Einheit, welche, allgemein ausgedrückt, der reine Verstandesbegriff heißt.[184]

Wenn man den Gedankengang hier von Heideggers inhaltlicher, ontologisierender Verschiebung hin zur tragenden Rolle der Einbildungskraft und der Zeit *bereinigt*, dann fällt auf, dass genau das, was sich in der A-Deduktion (genauer: der „Synthesen-Deduktion") für die Deduktion der Kategorien verantwortlich zeigt, hier auch den *Ursprung* der Kategorien betrifft (nämlich die Dreiheit von Anschauung, Einbildung und Verstand). Dieser Ursprung der Kategorien muss somit in dem gesucht werden, was das Prinzip der Kategorien-Deduktion ausmacht.[185] Das äußert sich auch darin, dass an diesen Gedanken unmittelbar Kants Grundeinsicht – nämlich, dass *dieselbe* Funktion für die Einheit im Urteil und für die entsprechende

---

[184] KrV, A 79f./B 104f.

[185] Ist Heidegger also zuzustimmen, wenn er schreibt: „Diese vier Nummern [der „Synthesen-Deduktion in der A-Ausgabe] sind nur die Ausführung des im § 10 der ‚Kritik' programmatisch Vorgezeichneten, obwohl Kant über diesen Bezug gar nichts sagt" (*Phänomenologische Interpretation von Kants* Kritik der reinen Vernunft, S. 336)? So verlockend das auch sein mag: Haltbar wäre es nur, wenn auch für jede einzelne Kategorie eine solche Ableitung konkret vollzogen werden könnte.

gegenständliche Einheit im Mannigfaltigen der Anschauung sorgt – anschließt. Diese zweifache Einheit setzt nämlich gerade jene Synthesen voraus (bzw. hängt mit ihnen zusammen), die das Gemeinsame von Anschauung, Einbildung und Verstand betreffen.

Heideggers Interpretation der A-Deduktion

Es wurde bereits auf die „ontologisierende Verschiebung" hingewiesen, die Heideggers Auslegung der kantischen Kategorien-Deduktion kennzeichnet. Diese Verschiebung führt zur Gleichsetzung von der Frage nach der Möglichkeit, dass sich die Kategorien „auf Objekte beziehen", mit der Frage, wie sie als „ontologische" Begriffe möglich sind.[186] Oder auch dazu, die „*Ursprungsenthüllung*" der Kategorien als deren „*Wesensenthüllung*"[187] aufzufassen. Heidegger behauptet, die transzendentale Deduktion Kants sei „fast durchgängig unhaltbar."[188] Das trifft aber vielmehr auf Heideggers Auslegung selbst zu, wenn er schreibt, die Exposition der Frage nach der Möglichkeit der apriorischen Gegenstandsbeziehung des Denkens geschehe nicht dem Wesen des Denkens, so wie Heidegger selbst es versteht, entsprechend[189] (also die wesentliche Rolle der Einbildungskraft miteinbegreifend). Zwar macht Kant in der Tat Heideggers Ontologisierung der Kategorien nicht mit; aber gerade die Frage nach der apriorischen Gegenstandsbeziehung *unter besonderer Berücksichtigung der Einbildungskraft* ist ja das Grundproblem der transzendentalen Deduktion! Heidegger ist der Auffassung, die Anschauungen geben *Gegenstände*, und daher bedürfe es keinerlei Aufweises des Gegenstandsbezugs *durch die Kategorien*.[190] Aber dem ist

---

[186] Siehe *Phänomenologische Interpretation von Kants* Kritik der reinen Vernunft, S. 311.

[187] *Phänomenologische Interpretation von Kants* Kritik der reinen Vernunft, S. 304.

[188] *Phänomenologische Interpretation von Kants* Kritik der reinen Vernunft, S. 309.

[189] *Phänomenologische Interpretation von Kants* Kritik der reinen Vernunft, S. 312.

[190] „Schon die Anschauungen für sich geben Gegenstände, und demnach ist gar nicht einzusehen, warum dann noch Bestimmungen des Denkens sich a priori auf Gegenstände beziehen sollen", *Phänomenologische Interpretation von Kants* Kritik der reinen Vernunft, S. 313.

gerade nicht so. Bei der Zergliederung der Erkenntnis erweist sich zwar, dass seitens der Sinnlichkeit zu den Elementen dieser Erkenntnis eine „Materie", nämlich „Empfindung", zu zählen ist. Dadurch wird aber kein Gegenstand gegeben – allenfalls kann von einer Proto-Gegenständlichkeit qua *Erscheinung* die Rede sein.[191] Das Gegebensein eines genuinen (*bestimmten*) *Gegenstandes* ist allein Sache des Verstandes, weshalb Heideggers Auslegung, die sich hier auf die sinnliche Komponente beschränkt, unhaltbar ist.

Heideggers Deutung der A-Deduktion wendet sich voll und ganz gegen die der Erkenntnistheorie verschriebene Auslegung derselben durch den Marburger „Neukantianismus"[192] (insbesondere Cohens und Natorps). Heidegger setzt der Frage nach der „*Geltung*"[193], also dem, was er die „juristische Frage" nennt, eine *quaestio facti* entgegen:

Wenn wir in der Kantischen Terminologie bleiben, müssen wir sogar sagen: Gerade nicht eine *quaestio iuris*, sondern eine *quaestio facti* ist das Zentrum des Problems der transzendentalen Deduktion.[194]

---

[191] „Der unbestimmte Gegenstand einer empirischen Anschauung heißt *Erscheinung*", KrV, A 20/B 34.

[192] Es gibt zwei wesentliche Schulen des Neukantianismus – die „Marburger" und die „Südwestdeutsche", auch „Badische" Schule genannt. Die Hauptvertreter der ersteren, die Kants Philosophie als eine Grundlegung der mathematisierten Naturwissenschaften versteht, sind Hermann Cohen, Paul Natorp und Ernst Cassirer. Die bekanntesten Namen der letzteren, die eine Philosophie der Werte vertritt und den Geistes- und Kulturwissenschaften besondere Aufmerksamkeit widmet, sind Wilhelm Windelband und Heinrich Rickert. Im 20. Jahrhundert und insbesondere nach 1945 hat sich in Deutschland dazu noch eine dritte Schule, der sogenannte „Postneukantianismus", etabliert (u. a. Richard Hönigswald, Wolfgang Cramer, Bruno Bauch, Hans Wagner, Erich Heintel, Kurt Walter Zeidler).

[193] *Phänomenologische Interpretation von Kants* Kritik der reinen Vernunft, S. 330f.

[194] *Phänomenologische Interpretation von Kants* Kritik der reinen Vernunft, S. 330.

Um welche *quaestio facti* handelt es sich dabei genauer? Um die der „ontologischen Transzendenz".[195] Was ist damit gemeint? Hierfür kann zunächst eine andere Stelle zitiert werden: „*Das Problem der transzendentalen Deduktion ist* […] *ganz und gar keine juristische Geltungsfrage, sondern im Grunde das, was wir die fundamentalontologische Interpretation des Daseins nennen.*"[196] Es geht dabei also um die transzendierende *Beziehung* des *Subjekts*, des „Daseins", auf Seiendheit qua *Gegenständlichkeit*. An dieser Stelle, die den Ausgangspunkt bei Kant sehr treffend markiert, kommt es aber unmittelbar schon zur erwähnten ontologisierenden Abweichung, die der Beziehung auf das Objekt unvermittelt eine Sachhaltigkeit unterschiebt.

Heidegger geht auf folgende Weise vor. Er formuliert eine „leitende Frage", die er am Ende auch präzise beantwortet. Diese Antwort bedarf einer vorbereitenden Analyse, die in drei Schritten vollzogen wird (dabei werden die drei darin enthaltenen maßgeblichen Begriffe – nämlich Zeit(lichkeit), Einbildungskraft und Ich(-denke) – jeweils in einem Zweierverhältnis beleuchtet und analysiert). Worin besteht also zunächst die „leitende Frage" von Heideggers Auslegung der A-Deduktion?

„*Welches sind die Urhandlungen des Subjekts, die so etwas wie das Gegenstehen von Gegenstand überhaupt fundamentieren*, tragen, ermöglichen?"[197] Es geht also um die Frage nach der gründenden Ermöglichung des Bezugs zum Gegenstand in dessen Gegen- und Widerstehen gegenüber dem Subjekt. Die hier maßgebliche Synthesis wird die zeitbezogene Synthesis der transzendentalen Einbildungskraft sein. Heidegger unterlegt den drei Synthesen der „Synthesen-Deduktion" von vornherein die der *Einbildungskraft*: Für ihn handelt es sich hierbei um „drei Modi der reinen imaginativen ontologischen Synthesis, um diese Synthesis im Modus der Apprehension, Reproduktion

---

[195] *Phänomenologische Interpretation von Kants* Kritik der reinen Vernunft, S. 334. Vgl. ebd., S. 371, wo Heidegger hinzufügt, dass die Klärung des Transzendenzphänomens nur auf dem Grunde der rechtverstandenen Zeit als „Zeitlichkeit" vollzogen werden kann.
[196] *Phänomenologische Interpretation von Kants* Kritik der reinen Vernunft, S. 372f.
[197] *Phänomenologische Interpretation von Kants* Kritik der reinen Vernunft, S. 334.

und Recognition",[198] welche letzteren „alle in der reinen Synthesis der reinen zeitbezogenen Einbildungskraft wurzeln".[199] Die entscheidenden drei Begriffe, deren gegenseitige Bezogenheit das Herzstück von Heideggers Auslegung der A-Deduktion ausmachen, sind die der Einbildungskraft, der Zeitlichkeit und der Apperzeption (des Ich-denke). Heidegger vollzieht diese Auslegung dementsprechend in drei Schritten, um, wie gesagt, die Antwort auf die „leitende Frage" liefern zu können.

Erster Schritt. Zunächst stellt Heidegger heraus, dass die Einbildungskraft selbst die Zeit im Sinne der „ursprünglichen Zeit" ist, die er „Zeitlichkeit" nennt.[200] Seine Argumentation, deren „Gewaltsamkeit" er nicht abstreitet und die laut eigenem Bekunden zum Teil „wesentlich über Kant hinausgeht", besteht darin, die drei „Synthesen" der „Synthesen-Deduktion", die er ja der Synthese der Einbildungskraft unterstellt, mit den jeweiligen Zeitdimensionen der Gegenwart bzw. des Jetzt (Apprehension), der Vergangenheit (Reproduktion) und der Zukunft (Rekognition, die laut Heidegger eher als „Präkognition" zu bezeichnen wäre) in eine enge Beziehung zueinander zu setzen. Die Ausführungen zur dritten Synthese weichen zu stark von Kants Text ab, als dass es im vorliegenden Kontext nötig wäre, darauf näher einzugehen. Viel interessanter dagegen sind Heideggers Erläuterungen bezüglich der zentralen Rolle von Jetzt und Vergangenheit für die Herstellung des Gegenstandsbezugs.[201]

---

[198] *Phänomenologische Interpretation von Kants* Kritik der reinen Vernunft, S. 337f.

[199] *Phänomenologische Interpretation von Kants* Kritik der reinen Vernunft, S. 338. Am Ende seiner Vorlesung fasst Heidegger diesen Sachverhalt folgendermaßen zusammen und zieht dabei eine Schlussfolgerung bezüglich der „Wurzel" aller Erkenntnisvermögen: „*Wenn nun aber die produktive Einbildungskraft in dieser Weise selbst nichts anderes ist als die ursprüngliche Einheit der drei Modi der Synthesis, dann hat sie schon ihrem Wesen nach reine Anschauung und reines Denken*, reine Rezeptivität und reine Spontaneität, *in sich geeinigt oder ist*, genauer gesagt, *die Wurzel, die beide aus sich entlässt*. Die produktive Einbildungskraft ist die Wurzel der Vermögen der Subjektivität […]", ebd., S. 417f.

[200] *Phänomenologische Interpretation von Kants* Kritik der reinen Vernunft, S. 342.

[201] Siehe hierzu *Phänomenologische Interpretation von Kants* Kritik der reinen Vernunft, S. 349–354.

Gegen-ständlichkeit hängt unmittelbar damit zusammen, so Heidegger, dass – über den apprehendierenden Bezug auf jetzt Gegebenes hinaus – die Möglichkeit des „Wiederbringen[s] von etwas"[202] besteht. Im reinen Bezug auf das jetzt Gegebene ist noch keine Gegenständlichkeit ausweisbar. Daher die Notwendigkeit der Synthese der (reinen) Reproduktion für die Möglichkeit der Beziehung auf einen Gegenstand überhaupt:

> Die Frage ist: Was bedeutet dieser [...] Aufweis der Notwendigkeit eines Behaltens für die Aufhellung der Beziehung auf einen Gegenstand? [...] Die rückgreifende Einigung der reinen Jetzt, diese *reine zeitbezogene Reproduktion*, ermöglicht [...] das Sich-Beziehen auf Anschauliches, das nicht mehr anwesend ist; sie *konstituiert also die Möglichkeit einer Gegenstandsbeziehung*, die notwendig ist, wenn der in sich geschlossene Zusammenhang der Erscheinungen selbst über die jeweilige Jetztphase einer empirischen Gegebenheit hinaus zugänglich sein soll.[203]

Dieser erste Schritt – der von ferne an Husserls Gedanken der Notwendigkeit der Wiedererinnerung für das Zustandekommen der gegenständlichen Identität erinnert[204] – ist wichtig, um zu sehen, wie sich die Möglichkeit der Gegenstandsbeziehung durch den Zusammenhang von Einbildungskraft und Zeitlichkeit darstellt.

Zweiter Schritt. Laut Heidegger besteht in der „Synthesen-Deduktion", genauer: zwischen der zweiten und der dritten Synthese, ein „innerer Bruch" zwischen Zeit und transzendentaler Apperzeption. Kant selbst sei sich dessen bewusst gewesen und habe Anstrengungen unternommen, um Zeit und Ich-denke zu einigen. Hierbei muss aber wiederum betont werden, dass die Gleichsetzung von Zeitlichkeit und Apperzeption ein Hinausgehen über Kant bedeutet (was bei Schelling, Husserl, Heidegger [in *Sein und Zeit*] und Derrida dann auch ersichtlich sein wird).[205] In Heideggers Interpretation von 1927/28 geschieht das, wie gesagt, durch die Umformung

---

[202] *Phänomenologische Interpretation von Kants* Kritik der reinen Vernunft, S. 350.

[203] *Phänomenologische Interpretation von Kants* Kritik der reinen Vernunft, S. 352ff.

[204] E. Husserl, „Die Apodiktizität der Wiedererinnerung" (1922/1923), in *Husserliana XI* (Beilage VIII), M. Fleischer (Hsg.), Den Haag, M. Nijhoff, 1966, S. 374, 377 et passim.

[205] Siehe hierzu v. Vf. *Der frühe Derrida und die Phänomenologie, op. cit.*

der Synthese der „Rekognition" in eine solche der „Präkognition". Damit ist gemeint, dass die ersten beiden Synthesen ein Vorschweben eines einheitlichen Zusammenhangs von Seiendem bzw. „ein vorangehendes Gewärtigsein einer regionalen Einheit von anbietbarem Seienden"[206] voraussetzen. Hierdurch erweise sich laut Heidegger die Zeitbezogenheit der transzendentalen Apperzeption. Er erkennt aber an, dass Kant zwar „diesen einheitlichen transzendentalen Grund der Einheit der drei Synthesen relativ deutlich" sehe; weil „ihm aber die spezifische Zeitbezogenheit, nämlich die Zukunftsbezogenheit dessen, was er ‚Synthesis der Recognition' nennt, verdeckt bleibt, vermag er auch nicht diesen tragenden Grund der transzendentalen Einheit – die transzendentale Apperzeption – ursprünglich, d. h. in seiner Zeitbezogenheit, zu enthüllen".[207] Wenn man aber diesen – zweiten – Schritt vollzieht, dann werde es auch möglich, die Zeit als Ursprung der Kategorien zu erweisen.[208]

Dritter Schritt. Aus der Gleichsetzung von Einbildungskraft und Zeitlichkeit sowie von Zeitlichkeit und Ich-denke (Apperzeption) folgt transitiv die von Einbildungskraft und Apperzeption. Heidegger stellt diese neuerliche Identifikation aber nicht mechanisch her, sondern weist sie phänomenologisch aus. Sie ergibt sich nach seinem Dafürhalten daraus, dass die von Kant veranschlagte „Mirzugehörigkeit" der Vorstellungen, die ja durch die dritte Synthese der „Synthesen-Deduktion" gesichert wird, eine synthetische Einheit voraussetzt, welche nur die der produktiven Synthesis der Einbildungskraft sein könne (da diese allein durch und durch zeitlich ist). Heidegger kann von da aus folgenden Sachzusammenhang hervorkehren, der die innere Verbundenheit von Einbildungskraft, Apperzeption und Zeit noch einmal klar zum Ausdruck bringt:

---

[206] *Phänomenologische Interpretation von Kants* Kritik der reinen Vernunft, S. 364.
[207] *Phänomenologische Interpretation von Kants* Kritik der reinen Vernunft, S. 367.
[208] *Phänomenologische Interpretation von Kants* Kritik der reinen Vernunft, S. 365, 426.

Sofern die Einbildungskraft als wesenhaft zeitbezogen auf die reinen Zeitverhältnisse des Mannigfaltigen a priori geht,[209] ist sie als die der synthetischen Einheit der transzendentalen Apperzeption zugrundeliegende Synthesis zugleich die Synthesis der Zeit als der reinen Form aller Erscheinungen. *Die reine Synthesis der produktiven zeitbezogenen Einbildungskraft birgt demnach in sich die transzendentale Einheit der Synthesis der Apperzeption als Synthesis der reinen Zeit als Form der Erscheinungen.* Demnach bindet die reine zeitbezogene imaginative Synthesis ursprünglich die Einheit der transzendentalen Apperzeption als notwendig synthetische zusammen mit dem reinen Mannigfaltigen der Zeit als der Bedingung der Möglichkeit des Erscheinens von Gegenständen der empirischen Anschauung.[210]

Heidegger betont in diesem Zusammenhang der Gleichsetzung von Einbildungskraft und Apperzeption, dass das Ich-denke als „Urkategorie" das Zurückgehen aller Kategorien auf die „freie Selbstbindung"[211] des Ich impliziert. Das gestattet es Heidegger schließlich, die anfangs gestellte „leitende Frage" – die nach dem möglichen Gegenstandsbezug, sofern dieser ein Gegen- und Widerstehen gegenüber dem Subjekt mit sich bringt – zu beantworten. Wenn er behaupten kann, die Kategorien „*gründen in dem vorwegnehmenden Entwurf des einheitlichen Horizontes der apriorischen Widerständigkeit*",[212] dann verdanke sich das der Auslegung der Zeit als reiner „*Selbstaffektion*". Wie kommt Heidegger zu dieser Auffassung?[213]

Die Bezogenheit auf *Gegenständlichkeit* lässt eine besondere Art der *Widerständigkeit* hervorscheinen. Laut Heideggers zweifacher These – die nichts Anderes als eine Interpretation des „Transzendentalen" überhaupt darstellt – kommt einerseits diese Widerständigkeit *aus* dem *Subjekt* und zugleich *auf* dieses zu (wodurch es im gleichen Schlage *gebunden* wird). Andererseits besteht dieses a priori Bindende darin, dass die Einheit der *Zeit* Gegenständlichkeit, auf die hin und um die herum „die transzendentalen reinen Synthesen

---

[209] Vgl. KrV, A 118.
[210] *Phänomenologische Interpretation von Kants* Kritik der reinen Vernunft, S. 420.
[211] *Phänomenologische Interpretation von Kants* Kritik der reinen Vernunft, S. 377.
[212] Ebd.
[213] Zur hierfür maßgeblichen Argumentation, siehe *Phänomenologische Interpretation von Kants* Kritik der reinen Vernunft, S. 390–393.

zusammenlaufen",[214] konstituiert. Und hierbei kommt nun in der Tat laut Heidegger der „Selbstaffektion" eine entscheidende Rolle zu:

> Kant fasst die Zeit als die reine *Selbstaffektion*, d. h. als dasjenige, was a priori, aus dem Selbst entspringend, dieses affiziert, es angeht und in diesem Angang a priori Widerstand und Bindung bietet. Die Zeit, in die die Grundhandlungen der Synthesis des Subjekts ausgreifen, ist zugleich das, was dieses Subjekt a priori affiziert. Das besagt: Das Subjekt als solches gibt sich a priori einen Widerstand – die Zeit. Diese ist – als reine Jetztfolge genommen – dasjenige, was das Selbst qua Selbst sich vorgibt als das Widerständige schlechthin.[215]

Hiermit werden die beiden soeben gesonderten Thesen in einer einzigen These bzw. in dem darin zentralen Begriff der „Selbstaffektion" vereint. Das Widerständige des Gegenstehenden fällt mit der Zeit qua Selbstaffektion des Subjekts zusammen. Anders ausgedrückt: Gegenständlichkeit ist Selbstangang[216] (was nicht produktionsidealistisch missverstanden werden darf). Ausführlicher: „Die Zeit ist so die Gegenständlichkeit *konstituierende, bestimmende Form*, und zwar ist sie die Form alles empirischen Angegangenwerdens, der apriorische, reine, d. h. der *Selbst*angang des Subjekts. [...] Die Zeit als reine Anschauung ist reine, d. h. transzendentale Selbstaffektion. Sie affiziert a priori und konstituiert auf diese Weise a priori die Gegenständlichkeit für ein endliches Subjekt überhaupt. Die Zeit bestimmt im Vorhinein das Wie eines Gegenstehens, sie gehört demnach zur Struktur der Gegenständlichkeit überhaupt."[217]

---

[214] *Phänomenologische Interpretation von Kants* Kritik der reinen Vernunft, S. 390.
[215] *Phänomenologische Interpretation von Kants* Kritik der reinen Vernunft, S. 391.
[216] Ebd.
[217] *Phänomenologische Interpretation von Kants* Kritik der reinen Vernunft, S. 392f.

3. Die B-Deduktion

Vorbemerkungen zur Struktur der B-Deduktion

Wir kommen nun zu den Hauptpunkten und Hauptthesen der Kategorien-Deduktion in der zweiten Auflage der *Kritik der reinen Vernunft*. Zunächst einige einleitende Bemerkungen zu ihrer Struktur.

Die B-Deduktion ist in zwei Teile unterteilt (§§ 15–21 und §§ 22–26). Für zwei der geläufigsten Lesarten innerhalb der Forschungsliteratur bezüglich dieser Struktur des Textes sprechen jeweils überzeugende Argumente. Der einen Lesart zufolge handelt es sich hierbei um *zwei* Deduktionen. Die erste geht von den Anschauungen aus und erweist, dass sie unter Kategorien stehen müssen. Die zweite geht von den Kategorien aus und legt dar, *wie* dadurch der Gegenstandsbezug möglich wird. Für die zweite Lesart hingegen handelt es sich bloß um *eine* Deduktion, die sich allerdings in zwei Schritten vollzieht. Dabei ist es so, dass es sich zunächst nur um die Gegebenheit von Gegenständen einer Anschauung *überhaupt* handelt. Darin besteht besagter erster Schritt. Zum vollständigen Abschluss der Deduktion ist noch ein zweiter Schritt notwendig, der erweist, wie sie auch für die Gegebenheit von Gegenständen unserer – nämlich der *sinnlichen* – Anschauung gültig sein kann. Mit anderen Worten, der erste Schritt gilt für eine „gegebene Anschauung *überhaupt*", die sinnlicher aber auch *nicht*-sinnlicher Natur sein kann, während der zweite Schritt sich spezifisch auf die *menschliche sinnliche* Anschauung bezieht, deren apriorische Formen Raum und Zeit sind (maßgeblich ist hier nur die Zeit, dazu später mehr). Für beide Lesarten gilt, dass es umstritten bleibt, ob sie (oder ihre einzelnen Schritte) der objektiven oder der subjektiven Deduktion entsprechen.

Übersicht über den Forschungsstand

Es gibt eine außergewöhnlich hohe Zahl an Interpretationen der B-Deduktion – weit über dreißig (!) maßgebliche.[218]

Folgende vier Titel sind (neben den bereits genannten) besonders erwähnenswert:

Dieter Henrich: „Die Beweisstruktur von Kants transzendentaler Deduktion", in *Kant. Zur Deutung seiner Theorie von Erkennen und Handeln*, G. Prauss (Hsg.), Köln, Kiepenhauer & Witsch, 1973, S. 90–104 (zuerst 1969 auf Englisch in *The Review of Metaphysics* erschienen).

Raymond Brouillet: „Dieter Henrich et ‚The Proof-Structure of Kant's Transcendental Deduction'. Réflexions critiques", *Dialogue*, XIV, 4, 1975, S. 639–648.

Hans Wagner: „Der Argumentationsgang in Kants Deduktion der Kategorien", *Kant-Studien*, 71/1980, S. 352–366 (wieder aufgenommen in: *Kleinere Schriften III: Abhandlungen zur Philosophie Kants*, H. Oberer [Hsg.], Paderborn, Schöningh, 2017, S. 153–169).

Manfred Baum: *Deduktion und Beweis in Kants Transzendentalphilosophie. Untersuchungen zur* Kritik der reinen Vernunft, Königstein im Taunus, Hain bei Athenäum, 1986 (diese Abhandlung gehört zu den lesenswertesten der gesamten Kant-Literatur).

Zunächst soll ein kurzer Überblick über diese vier Auslegungen der B-Deduktion geboten werden. Von Henrichs Artikel wird dabei ausgegangen.

Sein Verdienst ist es, das Grundproblem der *Struktur des Textes*, wenn nicht aufgeworfen, so zumindest den Rahmen der Debatte,

---

[218] Von dieser großen Menge sollen hier nur folgende Arbeiten erwähnt werden: B. Erdmann, *Kants Kritizismus in der 1. und 2. Auflage der Kritik der reinen Vernunft*, Leipzig, 1878; E. Adickes, *Kants Kritik der reinen Vernunft*, Berlin, 1889; H. J. Paton, *Kant's Metaphysic of Experience*, London, 1936; H. J. de Vleeschauwer, *La déduction transcendantale dans l'œuvre de Kant*, Band III, Paris, 1937; M. Baum, *Die transzendentale Deduktion in Kants Kritiken: Interpretationen zur kritischen Philosophie*, Hochschulschrift (Dissertation), Universität zu Köln, 1975; H. Allison, *Kant's Transcendental Deduction*, Oxford, 2015. Eine nützliche Übersicht über die wichtigsten Interpretationen der B-Deduktion hat P. Baumanns zusammengetragen. Siehe ders.: „Kants transzendentale Deduktion der reinen Verstandesbegriffe (B)", *Kant-Studien* 82, 1991, S. 329–348 und S. 436–455 sowie *Kant-Studien* 83, 1992, S. 60–83 und S. 185–207.

die dadurch für die darauffolgenden Jahrzehnte angestoßen wurde, geliefert zu haben.

Kant schreibt bezüglich der Struktur der B-Deduktion im § 21: „Im obigen Satze [„Alle sinnlichen Anschauungen stehen unter den Kategorien, als Bedingungen, unter denen allein das Mannigfaltige derselben in ein Bewusstsein zusammenkommen kann" – so lautet der Titel des § 20] ist also der Anfang einer *Deduktion* der reinen Verstandesbegriffe gemacht [...]. In der Folge (§ 26) wird [...] die Absicht der Deduktion allererst völlig erreicht werden."[219] In diesem § 26 lesen wir dazu:

[I]n der transzendentalen <Deduktion wurde> die Möglichkeit derselben [scil. der Kategorien] als Erkenntnisse a priori von Gegenständen einer Anschauung überhaupt (§§ 20, 21) dargestellt. Jetzt soll die Möglichkeit, durch *Kategorien* die Gegenstände, die nur immer *unseren Sinnen vorkommen mögen*, und zwar nicht der Form ihrer Anschauung, sondern den Gesetzen ihrer Verbindung nach, a priori zu erkennen, also der Natur gleichsam das Gesetz vorzuschreiben und sie sogar möglich zu machen, erklärt werden. Denn ohne diese ihre Tauglichkeit würde nicht erhellen, wie alles, was unseren Sinnen nur vorkommen mag, unter den Gesetzen stehen müsse, die a priori aus dem Verstand allein entspringen.[220]

Henrich bezieht sich zunächst auf Interpretationen, die in der Vergangenheit vorherrschend waren und unterscheidet insbesondere zwei Lager: Adickes/Paton einerseits, Erdmann/de Vleeschauwer andererseits.

Adickes und Paton machen sich die Unterscheidung zwischen der objektiven und der subjektiven Deduktion zunutze. Diese weisen, wie wir ja wissen, nach, *dass* Kategorien Geltung haben, bzw. *wie* sie sich Geltung verschaffen. Auf dieser Grundlage gelangen sie zu der Auffassung, dass in der B-Deduktion *zwei* Beweise entwickelt werden – in den Paragraphen 20–21 käme die objektive, im § 26 die subjektive Deduktion zu ihrem jeweiligen Abschluss. Erdmann und de Vleeschauwer dagegen lesen den Abschnitt bis zu den Paragraphen 20–21 als eine Deduktion „von oben" und jenen von § 22 bis zu § 26 als eine Deduktion „von unten" (in genau demselben Sinne, wie Kant diese Ausdrücke in der A-Deduktion gebraucht hatte).

---

[219] KrV, B 144f.
[220] KrV, B 159f.

Henrichs Interpretationslinie geht dagegen in eine andere Richtung. Er plädiert sehr stark dafür, hier nur *eine* Deduktion anzunehmen, die sich jedoch in *zwei Schritten* vollzieht. Die Frage ist, worin diese beiden Schritte genau bestehen. Seine Antwort lautet: Im ersten Schritt wird eine *Einschränkung* gemacht, die im zweiten Schritt *aufgehoben* wird. Man kann das so verstehen, dass im ersten Schritt eine einschränkende *Sonderung* statthat, während der zweite Schritt in einer *Verallgemeinerung* besteht. Worin besteht aber jene Einschränkung laut Henrich?

Sie besteht darin, dass im ersten Schritt der Beweis nur für jene Anschauungen gelten soll, die bereits *Einheit* enthalten, während im zweiten Schritt die Gültigkeit der Kategorien für *alle* sinnlichen Objekte bewiesen werden soll. Dies geschehe laut Henrichs Auffassung dank der Zuhilfenahme des „Faktums" der Einheit von Raum und Zeit, kraft derer alle Sinnesvorstellungen vereinheitlicht werden sollen.

Dem hat Raymond Brouillet eine forsch formulierte Widerlegung entgegengesetzt. Sein Hauptargument ist, dass die Einheit je auf die transzendentale Apperzeption zurückgeführt werden muss. Auf das Faktum der Einheit von Raum und Zeit zu verweisen, widerspreche somit Kants Grundauffassung. Brouillets Lösungsversuch wird dann darin bestehen, den ersten Schritt für die Anschauung überhaupt geltend anzusehen, während im zweiten Schritt dann zur spezifisch menschlichen Anschauung übergegangen werde.

Für Wagner liegt der erste Schritt darin, dass erklärt werden muss, wie *Einheit* in die sinnlichen Anschauungen gelangt (nämlich durch die transzendentale Apperzeption). Der zweite Schritt besteht dann in der Aufweisung der *Universalität* der Kategorienfunktion (es wird darin also geklärt, wie die Kategorien für Erfahrungszwecke ganz *allgemein* gebraucht werden können).[221]

Baums These besagt, dass die Zweischrittigkeit nicht so aufgefasst werden darf, dass der erste Schritt den *allgemeinen* Rahmen darbiete (nämlich den der Anschauung „*überhaupt*"), dem gegenüber der zweite Schritt eine *Sonderung* darstelle (nämlich *unsere sinnliche* Anschauung), sondern dass umgekehrt der erste Schritt in einer Abstraktion besteht, für die der zweite Schritt allererst die konkrete

---

[221] Siehe H. Wagner, *Abhandlungen zur Philosophie Kants, op. cit.*, S. 162–165 (hier zählt er aber in Wirklichkeit drei „Etappen" auf).

Grundlage liefert. Der Grundgedanke ist also, dass man von „Anschauung überhaupt" (= erster Schritt) nur sprechen kann, wenn man von *unserer* Anschauung ausgeht (nämlich der *in Raum und Zeit*) (= zweiter Schritt). Kants Vorgehensweise erwiese sich somit – wenn man Baums Auslegung folgt, die jener von Brouillet nahekommt, jedoch stärker den transzendentalen Duktus herausstellt, als das bei dem Quebecer Kantspezialisten der Fall war – insofern als genuin *phänomenologisch*,[222] als hier die Erfahrungsart aus der – transzendental-phänomenologisch verstandenen – Erste-Person-Perspektive (nichts anderes kann ja mit „unserer Anschauung" gemeint sein) die Grundlage für die verschiedenen Schritte der Kategorien-Deduktion bildet.

3.1 Argumentation der B-Deduktion

Im Folgenden wird der wesentliche Gehalt der einzelnen Paragraphen der Kategorien-Deduktion in der zweiten Auflage der *Kritik der reinen Vernunft* prägnant zusammengefasst. Die Lesart, die sich hier herauskristallisieren wird, besteht gewissermaßen in einer Kreuzung von der Adickes/Paton-Konzeption und der Auslegung Baums.

§ 15 Von der Möglichkeit einer Verbindung überhaupt
Die Paragraphen 15–21 enthalten den ersten Schritt der B-Deduktion. Dieser besteht in einer objektiven Deduktion, da die Hauptgedanken dieses ersten Schritts – nämlich in Bezug auf die der Analysis zugrundeliegenden *Synthesis* und auf die Rolle des *Urteils* bei der Kategorien-Deduktion – mithilfe der analytischen Methode entwickelt werden.

Kant geht hier nicht „von unten" oder „von oben" aus, sondern er fragt sich direkt, worin die Erkenntniskomponenten bestehen und was notwendig zu einer Erkenntnis gehört. Den unumstößlichen Ausgangspunkt macht, wie es bereits der erste Satz der transzendentalen Ästhetik zum Ausdruck gebracht hatte, die *Anschauung*

---

[222] Ich danke I. Römer für die hilfreichen und klärenden Hinweise bezüglich Baums Auslegung der B-Deduktion, auf die weiter unten näher eingegangen wird.

aus. Kants erste wichtige Einsicht lautet sodann, dass sich zur Anschauung eine *Verbindung* hinzugesellen muss, die nicht durch die Sinnlichkeit in uns kommen kann und deswegen dem Verstand zugeschrieben werden muss. Diese – so seine starke These – ist nichts anderes als das Selbstbewusstsein, das er auch als das „Ich denke" bezeichnet. In den Worten des berühmten ersten Satzes des § 16 bedeutet das, dass das „Ich denke" alle meine Vorstellungen – und dabei insbesondere die anschaulichen – „begleiten können muss".

Verbindung enthält *Mannigfaltiges*, *Synthese*[223] und *Einheit*. Präziser ausgedrückt: Die *Mannigfaltigkeit* wird in der eben erwähnten Anschauung gegeben. Diese wird durch das „Ich denke" *synthetisch* vereinigt. Und dieser Synthese liegt wiederum eine *Einheit* zugrunde. Woher stammt nun aber *diese* Einheit, die eine höhere (qualitative) Einheit ist als die (quantitative) der *Kategorie* der Einheit, die jene höhere Einheit voraussetzt?

§ 16 Von der ursprünglich-synthetischen Einheit der Apperzeption
Diese höhere (von Kant als „transzendentale Einheit des Selbstbewusstseins" bezeichnete) Einheit stammt aus der reinen, ursprünglichen *Apperzeption* (= ursprüngliches Selbstbewusstsein). Dadurch wird jene Verbindung zu einer, wie Kant hervorhebt, „ursprünglichen Verbindung". Diese liegt dem „Ich denke" qua „Alle-meine-Vorstellungen-begleiten-können-Müssen" zugrunde. Mit anderen Worten, das ursprüngliche Selbstbewusstsein ist die Bedingung der

---

[223] Es gibt laut Kant – über das, was in der „Synthesen-Deduktion" bereits allgemein zur Synthese ausgeführt wurde, hinaus – drei Arten der (auf den Verstand zurückzuführenden) „Synthese". In ihnen spielt die *Einbildungskraft* jeweils auf eine besondere Weise hinein (ich danke M. Baum für diese Präzisierung):

1.) die Synthese, die durch das vom Wahrnehmungsgegenstand abhängige Vermögen der *Verbindung der Eindrücke* vollzogen wird (dabei handelt es sich um eine empirische Synthese, die also eine Ingredienz der *Wahrnehmung* ist);

2.) die Synthese, die durch eine begriffsbestimmte *Darstellungsfunktion* der Einbildungskraft (qua Faktor der *Bilderzeugung*) gekennzeichnet ist; hierbei kann die Einbildungskraft drei unterschiedliche Funktionen haben (sie kann entweder *konkretisierende* oder *schematisierende* oder *symbolisierende Einbildungskraft* sein);

3.) die Synthese durch *regressive* bzw. *dekomponierende* (nicht begriffsbestimmte) Einbildungskraft (sie betrifft insbesondere *Raum* und *Zeit*).

3. Die B-Deduktion

Möglichkeit der *Selbstzuschreibung* aller Vorstellungen. Dies ist von essenzieller Bedeutung, denn wenn diese Vorstellungen nicht *meine* Vorstellungen wären, dann könnte es, wie bereits aus der Synthesis der Rekognition im Begriff (in der „Synthesen-Deduktion") hervorging und hier hinzugefügt werden muss, für das Erkenntnissubjekt überhaupt keine geordnete und einstimmige Erkenntnis geben.

Diese ursprüngliche Verbindung enthält mehrere wesentliche Aspekte. Diese sind aber nicht lediglich, wie Kant behauptet, „Folgerungen" aus dem hier Aufgestellten, sondern fördern ein gegenseitiges Vermittlungsverhältnis zutage, das stark an jenes vom Ende der „Synthesen-Deduktion" in der A-Auflage erinnert.[224]

Erster Aspekt: Die ursprüngliche Apperzeption muss qua numerische, *analytische* Identität eine *Synthesis* enthalten, durch die das Bewusstsein dieser Identität allererst möglich gemacht wird.[225] Synthesis ist die Voraussetzung der Analysis. Das heißt: „Die *analytische* Einheit der Apperzeption ist nur unter der Voraussetzung irgendeiner *synthetischen* [Einheit] möglich" (wodurch erst ein Identitätsbewusstsein des Subjekts zustande kommen kann). Diese synthetische Einheit ist der „höchste Punkt" aller Transzendentalphilosophie.[226]

Zweiter Aspekt: Diese synthetische Einheit macht es allein möglich, dass das Mannigfaltige der Vorstellungen in *einem* Bewusstsein begriffen wird und diese Vorstellungen dadurch zu *meinen* Vorstellungen werden, oder anders ausgedrückt: Die Synthese nach Regeln a priori ermöglicht allererst die Selbstzuschreibung der Vorstellungen für das Ich.

Es liegt hier also ein gegenseitiges Vermittlungsverhältnis vor:[227] Das analytische Selbstbewusstsein ist der Grund für die Selbstzuschreibung der Vorstellungen. Und das Bewusstsein der synthetischen Vereinigung derselben Vorstellungen ist wiederum der Grund für das analytische Selbstbewusstsein.

---

[224] Wobei das in der B-Auflage herausgestellte Vermittlungsverhältnis nur vollständig ist, wenn auch der § 17 hinzugezogen wird.

[225] Siehe bereits KrV, A 108.

[226] Zu diesem höchsten Punkt kann nur gesagt werden, dass er einerseits nicht mehr als eine analytische Identität hat und andererseits sein Selbstbewusstsein durch eine ihr zugrundeliegende synthetische Identität – die an die Synthesisleistung geknüpft ist, dank welcher das Mannigfaltige synthetisch vereinigt wird – sichergestellt ist.

[227] Der genaue Zusammenhang zwischen den Vermittlungsverhältnissen in der A-Auflage und der B-Auflage wird im Schlussteil näher erläutert.

§ 17 Der Grundsatz der synthetischen Einheit der Apperzeption als oberstes Prinzip alles Verstandesgebrauchs

Es kommt nun aber noch ein entscheidender *dritter Aspekt* hinzu: Die transzendentale (synthetische) Apperzeption liefert nicht nur die *ursprüngliche* Verbindung und sie sorgt nicht nur dafür, dass die sinnlichen Vorstellungen zu *meinen* Vorstellungen werden; sondern dadurch, dass sie das Mannigfaltige zu einem *Objekt* vereinigt, ist sie auch die Grundbedingung für die *Beziehung der Vorstellungen auf einen Gegenstand*.[228] Die *im Bewusstsein* vonstattengehende *Vereinigung* des Mannigfaltigen in ein Objekt – so lautet Kants Grundthese – stellt zugleich den Objekt*bezug* her.

Wir haben somit folgenden *fundamentalen Dreischritt*:

Bildung der ursprünglichen Verbindung –> Selbstzuschreibung der Vorstellungen –> Herstellung des Objektbezugs

Kant präzisiert das in folgenden Worten: „Die synthetische Einheit des Bewusstseins ist also eine *objektive Bedingung* aller Erkenntnis, […] unter der jede Anschauung stehen muss, *um für mich Objekt zu werden*, weil […] ohne diese Synthesis das Mannigfaltige sich nicht in einem Bewusstsein vereinigen würde."[229]

Er kann somit den „obersten Grundsatz der Anschauungen in Beziehung auf den Verstand" aufstellen (= „Grundsatz der ursprünglichen synthetischen Einheit der Apperzeption" = „Grundsatz der synthetischen Einheit der Apperzeption"):

Alles Mannigfaltige der Anschauung steht unter Bedingungen der ursprünglich-synthetischen Einheit der Apperzeption.

Diese Bedingungen sind noch einmal: ursprüngliche Verbindung, Selbstzuschreibung, Objektbezug.

Nehmen wir zur Veranschaulichung ein Beispiel: Vor mir steht eine rote Skulptur. Die Analyse der Erkenntnisvermögen ergibt: Zur Empfindung gehört hierbei u. a. das Rotempfinden (wie das

---

[228] „Objekt" ist somit das, was bei Husserl später in den *Ideen I* „Noema" nennen wird. Dass erst hier der apriorische Gegenstandsbezug ins Spiel kommt, macht die Nuance zwischen dem gegenseitigen Vermittlungsverhältnis der A-Deduktion und dem der B-Deduktion aus.

[229] KrV, B 138.

möglich ist, „bleibt hier unbestimmt"²³⁰ [!]). Dieses ist aber nicht die Röte der Skulptur. Die Empfindung ist subjektiv, die Röte kommt (objektiv) der wirklichen Skulptur zu. Um diese Röte der Skulptur erkennen zu können, bedarf es der *Herstellung des Gegenstandsbezugs* durch die reine synthetische Apperzeption. Diese Herstellung des Gegenstandsbezugs ist nun aber nichts anderes als der *Synthese*vollzug des Verstandes (wodurch die „ursprüngliche *Verbindung*" entsteht) in eins mit der *Bewusstwerdung* dieser Vorstellungen qua *meiner* Vorstellungen.

§ 18 Die objektive Einheit der Apperzeption
Kant betont noch einmal die Rolle der reinen Apperzeption für den Objektbezug. Er unterscheidet die *objektive* von der *subjektiven* Einheit des Selbstbewusstseins. Erstere ist rein, letztere ist empirisch. Erstere liegt – mittels der „phänomenologischen Kontraktion" – der Affinität der Erscheinungen zugrunde, letztere stellt lediglich subjektive empirische Assoziationen her. Dieser Gedanke wurde bereits ausführlich in der Deduktion „von unten" in der A-Ausgabe der *Kritik der reinen Vernunft* behandelt. Es reicht hier somit, auf die entsprechende Stelle in der A-Deduktion zu verweisen (insbesondere auf Seite A 123), die in diesem § 18 kürzer und gedrängter wiederaufgenommen wird.

§ 19 Die objektive Einheit der Apperzeption der im Urteil enthaltenen Begriffe als die logische Form aller Urteile
Im wichtigen § 19 kommt – über die drei ersten Bestimmungen (Vollzug der Synthese, Bildung der Einheit des Bewusstseins und Herstellung des Bezugs zum Objekt) hinaus, die ja in den vorigen Paragraphen der B-Deduktion entwickelt wurden – eine neue Bestimmung hinzu, deren Bedeutung sich Kant erst nach der Herausgabe der A-Auflage bewusst geworden ist: Es handelt sich dabei um die Rolle der *Urteile* in der Kategorien-Deduktion. Kant schreibt in einer bekannten Fußnote in der Vorrede der *Metaphysischen Anfangsgründe der Naturwissenschaft* (1786):

[A]ller Gebrauch der reinen Vernunft <kann> niemals worauf anders, als auf Gegenstände der Erfahrung gehen […], und, weil in Grundsätzen a

---

[230] KrV, B 145. Diese „Unbestimmtheit" stellt freilich ein gewisses Manko der *Kritik der reinen Vernunft* dar.

114 3. Die B-Deduktion

priori nichts Empirisches die Bedingung sein kann, <können> sie [scil. diese Grundsätze a priori] nichts weiter als Prinzipien der *Möglichkeit der Erfahrung* überhaupt sein [...]. Dieses allein ist das wahre und hinlängliche Fundament der Grenzbestimmung der reinen Vernunft, aber nicht die Auflösung der Aufgabe: *wie* nun Erfahrung vermittelst jener Kategorien und nur allein durch dieselbe [sic!] möglich sei. Die letztere Aufgabe, obgleich auch ohne sie das Gebäude fest steht, hat indessen große Wichtigkeit, und, wie ich es jetzt einsehe, ebenso große Leichtigkeit, da sie beinahe durch einen einzigen Schluss aus der genau bestimmten Definition eines *Urteils* überhaupt (einer Handlung, durch die gegebene Vorstellungen zuerst Erkenntnisse eines Objekts werden) verrichtet werden kann. Die Dunkelheit, die in diesem Teil der Deduktion meinen vorigen Verhandlungen [scil. in der A-Auflage] anhängt, und die ich nicht in Abrede ziehe, ist dem gewöhnlichen Schicksal des Verstandes im Nachforschen beizumessen, dem der kürzeste Weg gemeiniglich nicht der erste ist, den er gewahr wird. Daher ich die nächste Gelegenheit ergreifen werde, diesen Mangel (welcher auch nur die Art der Darstellung, nicht den dort schon richtig angegebenen Erklärungsgrund, betrifft) zu ergänzen [...]. [K]ein System in der Welt <kann> diese Notwendigkeit [scil. die objektive, die Kategorien charakterisierende Notwendigkeit] wo anders herleiten, als aus den a priori zum Grunde liegenden Prinzipien der Möglichkeit des *Denkens selbst*, wodurch allein die Erkenntnis der Objekte, deren Erscheinung uns gegeben ist, d. i. Erfahrung, möglich wird, und gesetzt, die Art, *wie* Erfahrung dadurch allererst möglich werde [= Aufgabe der subjektiven Deduktion], könnte niemals hinreichend erklärt werden, so bleibt es doch unwidersprechlich gewiss, *dass* sie bloß durch jene Begriffe möglich, und jene Begriffe umgekehrt auch in keiner anderen Beziehung, als auf Gegenstände der Erfahrung, einer Bedeutung und irgend eines Gebrauchs fähig sind [= Aufgabe der objektiven Deduktion].[231]

Die Tatsache, dass Kant die hier beschriebene Aufgabe der Deduktion in Form einer „Wie-Frage" schildert („*wie* Erfahrung vermittelst der Kategorien möglich sei") und auch dass er darin nicht die „Auflösung" der Problematik der Kategorien-Deduktion sieht, bedeutet – im Gegensatz zu den Formulierungen in der *Kritik der reinen Vernunft* – *nicht*, dass es sich hierbei um eine subjektive Deduktion handelt. Das geht aus der Billigung am Ende der Fußnote hervor und liegt auch insbesondere darin begründet, dass in der Formulierung selbst von den bereits festliegenden *Kategorien* und nicht von

---

[231] I. Kant, *Metaphysische Anfangsgründe der Naturwissenschaft*, Hamburg, F. Meiner, 1997, S. 13 (Fußnote) (AA 4, S. 475f.).

3. Die B-Deduktion

den *subjektiven Erkenntnisquellen* ausgegangen wird. Das heißt, dass sich Kant hier der genauen Rolle des Urteils noch nicht voll klar geworden ist und erst in der zweiten Auflage der ersten *Vernunftkritik* die korrekte Darstellungsart (nämlich innerhalb einer *objektiven* Deduktion) zu bewerkstelligen vermochte.

Worin besteht nun jener „einzige Schluss" aus der genauen Definition eines Urteils überhaupt?

Der *objektiven* und der *subjektiven* Einheit der Apperzeption entspricht jeweils eine Urteilsart: nämlich die *objektiv* gültigen Urteile und die *subjektiv* gültigen Urteile. Erstere stellen objektiv gültige Verhältnisse dar, letztere lediglich subjektiv gültige Verhältnisse (zum Beispiel rein subjektive Empfindungen oder Assoziationen). Ein Beispiel für jede der beiden Urteilsarten: „Der Körper hat eine große Masse" und „Der Körper fühlt sich schwer an". In den *Prolegomena zu einer jeden künftigen Metaphysik* (1783) heißen erstere „Erfahrungsurteile", letztere „Wahrnehmungsurteile".

Für Kant sind allein die objektiv gültigen Urteile genuin als „Urteile" zu bezeichnen. Kant definiert das Urteil so: „Das Urteil ist die Art, gegebene Vorstellungen zur *objektiven* Einheit der Apperzeption zu bringen." Diese Definition, die so unbedarft daherkommt, ist systematisch von fundamentaler Bedeutung. Kant bringt dadurch zum Ausdruck, dass ein Urteil primär nicht darin besteht (wie „die Logiker" nach seinem Bekunden allgemein annehmen), lediglich die „Vorstellung eines Verhältnisses zwischen zwei Begriffen" (nämlich dem des Subjekts und dem des Prädikats) zu bezeichnen. Vielmehr gilt es, verständlich zu machen, *worin dieses Verhältnis genau besteht*. Kant liefert die Antwort auf diese Frage. Es besteht darin, dass die in dem Urteil selbst ausgedrückte Einheitsform gegebener Vorstellungen – und Kant meint damit, wie gesagt, diejenigen, denen das Subjekt und das Prädikat im Urteil entsprechen – sich der „objektiven Einheit der Apperzeption" verdankt. Das bedeutet, dass ein Urteil darin besteht und dadurch ermöglicht wird, dass das *Selbstbewusstsein* Einheit in den Bezug von Subjekt und Prädikat herstellt. Und dies ist auch absolut folgerichtig. Denn wenn erwiesen wurde, dass *dieselbe* Funktion einerseits (nämlich durch die Kategorien) das sinnliche Mannigfaltige in einem *Objekt* und andererseits Subjekt und Prädikat im *Urteil* vereinigt, und wenn darüber hinaus aufgezeigt wurde, dass die transzendentale Apperzeption (mittels der „phänomenologischen Kontraktion") der ersten Vereinigung vorsteht, dann muss das Gleiche auch für letztere Vereinigung gelten.[232] Im Urteil spricht sich somit nur dann die objektive Gültigkeit eines Begriffs aus, wenn die im Urteil enthaltenen Begriffe auf die objektive Einheit der Apperzeption bezogen werden. Jener Schluss könnte also aufgrund des bis hierher Auseinandergelegten so lauten:

Allein im Urteil werden gegebene Vorstellungen zur Erkenntnis eines Objekts.
Die im Urteil operierende Vereinigungsfunktion (die sich der transzendentalen Apperzeption verdankt) ist dieselbe, die auch den Vorstellungen *mittels der Kategorien* Einheit in einem Objekt verschafft.
Also haben die Kategorien objektive Realität, da nur durch sie (mittels der ihnen zugrunde liegenden transzendentalen Apperzeption) die sich im Urteil artikulierende objektive Erkenntnis möglich ist.

Vereinfacht gesagt bedeutet das, dass der in den beiden vorigen Paragraphen eingeführte *Objektbezug* (über die ersten angegebenen Aspekte hinaus) sich nicht nur in der *logischen Funktion der Urteile* artikuliert, sondern diese Funktion auch für die objektive Erkenntnis und dadurch für die objektive Realität der Kategorien verantwortlich ist. Dies ist der *vierte* und letzte Aspekt, der für die Kategoriendeduktion nötig ist. Dieser vierte Aspekt ist gegenüber dem in der A-Deduktion Auseinandergelegten, wie gesagt, *neu*.

§ 20 Die Kategorien als Bedingungen, unter denen allein das Mannigfaltige der sinnlichen Anschauungen in ein Bewusstsein zusammenkommen kann
Kant formuliert nun selbst explizit das Prinzip der (objektiven) Kategoriendeduktion in Form eines, wie schon gesagt, in den *Metaphysischen Anfangsgründen der Naturwissenschaft* angekündigten Vernunftschlusses. Dieser enthält in Wirklichkeit drei Prämissen:
Prämisse 1: Der oberste Grundsatz alles Verstandesgebrauchs besagt: Das Mannigfaltige der Anschauung steht notwendig unter der synthetischen Einheit der Apperzeption (§ 17).

---

[232] Beide Handlungen werden durch das *Denken* vollzogen, das Kant als „Handlung, die Synthesis des Mannigfaltigen, welches ihm anderweitig in der Anschauung gegeben worden, zur Einheit der Apperzeption zu bringen" (A 145) definiert. „Denken" und „Synthesis des Mannigfaltigen zur Einheit *der Apperzeption* zu bringen" fallen somit zusammen.

Prämisse 2: Alle objektive Erkenntnis gegebener Anschauungen drückt sich in einem Urteil aus und anhand der logischen Funktion der Urteile werden die Vorstellungen eines Urteils unter die Apperzeption gebracht (§ 19).

Prämisse 3: Die Kategorien beziehen sich auf eben diese Funktionen zu urteilen, sofern das den jeweiligen Urteilen entsprechende Mannigfaltige dadurch in Hinsicht auf die in ihnen jeweils enthaltenen einheitsstiftenden Synthesisleistungen bestimmt wird (§ 10[233] und vor allem § 14[234]).

Conclusio: Also steht das Mannigfaltige der Anschauung notwendig unter den Kategorien.

Nota bene 1: Das, was hier bewiesen wurde, betrifft die Notwendigkeit, dass *Anschauungen* zum Zwecke der Erkenntnis *nicht ohne Kategorien* auskommen. Kant ist hier also nicht von den *Kategorien*, sondern von den *Anschauungen* ausgegangen, um zu erweisen, dass Erkenntnis nur möglich ist, wenn diese unter reine Verstandesbegriffe subsumiert werden.

Nota bene 2: Das, was hier bewiesen wurde, betrifft die Gegebenheit von Gegenständen einer Anschauung *überhaupt*, nicht aber im Besonderen unserer *sinnlichen* Anschauung.

Hiermit wurde also in der Tat eine „*objektive Deduktion*" durchgeführt. Wie in der Auflage von 1781 ist aber die „*subjektive* Deduktion" die entscheidende. Diese wird dann in den §§ 22–26 entwickelt.

§ 21 Anmerkung

Kant wiederholt noch einmal (etwas weniger präzise) das Resultat der soeben vollzogenen Deduktion: „Ein Mannigfaltiges, das in *einer* Anschauung, die *meine* Anschauung ist, enthalten ist, wird durch die Synthesis des Verstandes als zur *notwendigen* Einheit der Apperzeption gehörig vorgestellt, und dieses geschieht durch die Kategorie."

Eine zusätzliche Bemerkung stützt diese Interpretation explizit. Im § 20 sei eine Deduktion vollzogen worden, die für eine „gegebene Anschauung *überhaupt*" gelte (die *nicht* sinnlich zu sein

---

[233] KrV, B 104f.
[234] KrV, B 128.

braucht). Im § 26 soll diese Deduktion dann spezifiziert werden: Sie wird somit schließlich auch für die (*menschliche*) sinnliche Anschauung gelten, deren Formen a priori Raum und Zeit sind.

§ 22 Die Anwendung der Kategorien auf Gegenstände der Erfahrung als ihr einzig möglicher Gebrauch zur Erkenntnis der Dinge
Ab hier beginnt nun die *subjektive Deduktion*.

Kant setzt noch einmal ganz von Anfang an. Die Grundfrage lautet: Wie ist überhaupt Erkenntnis möglich? Er antwortet hierauf mit einer Bemerkung, die sich (wie bereits im § 15) auf die Natur unserer Erkenntnisquellen stützt. Erkenntnis kann es nur geben – gemäß der Beschaffenheit unserer Erkenntnisvermögen –, wenn unseren Begriffen eine korrespondierende Anschauung gegeben wird. Unsere Anschauung ist aber *sinnlich*, d. h. unser Verstand muss sich, wenn dadurch Erkenntnis hervorgebracht werden soll, auf Gegenstände der *Sinne* beziehen. Hier gibt es nun zwei Möglichkeiten: Entweder er bezieht sich auf Anschauungen *a priori* (= Raum und Zeit) oder auf *empirische* Anschauungen. Im ersten Fall haben wir es mit formalen Gegenständen zu tun, nämlich mit den Gegenständen der Mathematik. Ob es sich dabei auch wirklich um *Erkenntnisse* handelt, kann nur entschieden werden, wenn zuvor erwiesen wird, dass es tatsächlich Dinge gibt, die eine mathematische Struktur haben. Für Kant ist dieser Beweis noch nicht geliefert worden, er lässt diese Frage daher offen. Gesicherte Erkenntnis gibt es somit nur im zweiten Fall, also im Fall von empirischer Erkenntnis bzw. Erfahrung. *Wenn* es also Erkenntnis gibt, kann sie nur Erkenntnis von Gegenständen möglicher Erfahrung sein. Das ist aber noch keine eigentliche Deduktion, sondern, wie gesagt, nur eine Erläuterung über die Natur unserer Erkenntnisquellen und über das, was daraus für die Möglichkeit unserer Erkenntnis folgt. Dieser ungenügende Ansatz einer Deduktion steht gleichwohl in einem krassen Missverhältnis zu ihrem Ertrag: Es wird nämlich aufgewiesen, dass Kategorien nur dann objektive Erkenntnisse liefern, wenn sie zugleich auf die Erfahrung *eingeschränkt* werden. Um die Bedeutung dieses Satzes – der eine sehr wichtige Information enthält, aber nicht zum eigentlichen Ziel der transzendentalen Deduktion gehört – zu unterstreichen, widmet Kant ihm noch einen zusätzlichen Paragraphen.

§ 23 Fortsetzung

Allein unsere *sinnliche* und *empirische* Anschauung kann den Kategorien Sinn und Bedeutung verschaffen. Damit ist offenbar „objektive Realität",[235] also möglicher Gegenstandsbezug gemeint. Das entspricht aber genau der Aufgabe, welche die Deduktion ja zu meistern hat.[236] So wäre also die Richtung angezeigt, wie die Deduktion, sofern von den Kategorien und nicht mehr von den Anschauungen ausgegangen wird, geleistet werden muss. Die Klarstellung, dass die Kategorien nur dank ihrer Anwendung auf Gegenstände der Erfahrung erkenntnisrelevanten Gebrauch haben, ist also, wie soeben gesagt, nicht erklärtes Ziel der transzendentalen Deduktion, sondern gleichsam die Grundlage für das Erreichen desselben.

§ 24 Von der Anwendung der Kategorien auf Gegenstände der Sinne überhaupt

Es wurde aber auch *bloß* die Richtung angezeigt. Nun soll es darum gehen, *konkret* zu erweisen, *wie* der Gegenstandsbezug – von den subjektiven Erkenntnisquellen ausgehend und dabei den Gegenstandsbezug der Kategorien erklärend – möglich ist. Mit diesem Schritt, der die Kategorien-Deduktion zum Abschluss bringt, geht die B-Deduktion über die A-Deduktion hinaus.

Der Bezug der Kategorien auf die Gegenstände der Anschauung vollzieht sich mittels einer *Synthese* – das wissen wir bereits seit dem § 15. Wir wissen ebenfalls, bzw. dachten bisher, dass die Synthese durch den *Verstand* vollzogen wird. Nun weist Kant aber darauf hin, dass es in Wirklichkeit *zwei* Arten von Synthesen gibt, deren eine sich in der Tat dem *Verstand*, deren andere sich aber der *Einbildungskraft* verdankt.

Die eine Synthese, die des *Verstandes*, bezeichnet Kant als „rein intellektual", d. h. als *ausschließlich* auf dem Verstand beruhend. Sie stellt die Einheit eines „Gegenstands überhaupt" her, der dadurch freilich noch *kein bestimmter* Gegenstand ist. Damit meint Kant *nicht*, dass der Gegenstand hierdurch nicht durch den *Verstand* bestimmt wäre, sondern – und hiermit weicht Kant von seinem üblichen Gebrauch der „Bestimmung" oder „Bestimmtheit" ab –, dass hier noch keine *inhaltliche* Bestimmtheit des Gegenstands vorliegt. Wie

---

[235] KrV, A 155f./B 194f.
[236] KrV, A 85/B 117.

ist nun eine *solche* („inhaltliche") Bestimmtheit möglich und worin besteht sie überhaupt? Zur Beantwortung dieser Frage kommt die zweite Synthese – die der *Einbildungskraft* – ins Spiel.

Zunächst zwei Bemerkungen. Zum einen muss von vornherein einem Missverständnis vorgebeugt werden. Die hier eingeführte „Bestimmtheit" bezieht sich nicht auf *empirische* Qualitäten (also nicht auf Empfindung). Es geht vielmehr ausschließlich um eine *reine* Bestimmtheit, die also nur auf die APRIORISCHE *Dimension der Sinnlichkeit* verweisen kann.

Zum anderen sind die Formen a priori der Sinnlichkeit Raum und Zeit. Wie aus dem Schematismus-Kapitel ersichtlich werden wird (bzw. wurde, denn die B-Deduktion ist ja chronologisch *nach* dem Schematismus-Kapitel der A-Ausgabe entstanden), ist aber für die Art, *wie* die Kategorien die Erfahrung konkret möglich machen (d. h. nicht mehr hinsichtlich einer bloßen *Rechtfertigung* des Gebrauchs der Kategorien, wie sie hier im Deduktions-Kapitel geliefert wird), die transzendentale *Zeit*-Bestimmung verantwortlich.[237] Wenn hier also von „apriorischer Dimension der Sinnlichkeit" die Rede ist – dieser Ausdruck ist freilich nicht von Kant –, dann kann damit ausdrücklich nur die *Zeit* gemeint sein.[238] Dies trifft sich mit der folgenden wichtigen Bemerkung ganz zu Anfang der A-Deduktion, die bereits zitiert wurde:

Unsere Vorstellungen mögen entspringen, woher sie wollen, ob sie durch den Einfluss äußerer Dinge, oder durch innere Ursachen gewirkt seien, sie mögen a priori, oder empirisch als Erscheinungen entstanden sein; so gehören sie doch als Modifikationen des Gemüts zum inneren Sinn, und als solche sind alle unsere Erkenntnisse zuletzt doch der formalen Bedingung des inneren Sinnes, nämlich der *Zeit* unterworfen, als in welcher sie insgesamt geordnet, verknüpft und in Verhältnisse gebracht werden müssen. Dieses ist eine allgemeine Anmerkung, die man bei dem Folgenden durchaus zum Grunde legen muss.[239]

---

[237] KrV, B 167 und A 138ff./B 177ff.

[238] Dies widerspricht massiv jeder Deutung, die behauptet, die A-Auflage würde der *Zeit* und die B-Auflage dem *Raum* einen Vorrang einräumen. Vielmehr bleibt die Zeit in der B-Auflage *nicht weniger vorrangig* als in der A-Auflage.

[239] KrV, A 98f.

Was ist nun genau unter jener „*reinen* Bestimmtheit" zu verstehen? Kant zielt hier *auf eine bestimmte* „*anschauliche Gestalt*" *bzw.* „*Figur*" *in der Zeit ab.* Die hierfür maßgebliche Synthese bezeichnet Kant als „figürliche Synthesis", genauer (und spezifischer): als eine „transzendentale Synthesis der Einbildungskraft". Durch diese besondere Form der „synthesis speciosa" – „synthesis speciosa" ist der Oberbegriff, „transzendentale Synthesis der Einbildungskraft" ist deren Spezifizierung, und zwar dann, wenn die „synthesis speciosa" auf die Einheit der *Apperzeption* geht – wird „synthetische Einheit der Apperzeption des Mannigfaltigen *der sinnlichen Anschauung*" hergestellt. Obwohl dies eine Synthesis der Einbildungskraft – und zwar der „produktiven" – ist, schreibt Kant ihre „Wirkung auf die Sinnlichkeit" dem *Verstand* zu – qua „erster Anwendung desselben (zugleich der Grund aller übrigen) auf Gegenstände der uns möglichen Anschauung".[240]

Worin besteht aber ganz konkret diese „transzendentale Synthesis der Einbildungskraft"? Sie besteht darin, dass sie ALLE VORSTELLUNGEN – *auch die des* „*äußeren Sinnes*"*! – dem inneren Sinn anpasst und in diesen einschreibt.*[241] Es scheint daher angebracht, sie als eine „schematisierende Einbildungskraft" aufzufassen. Durch „produktive Einbildungskraft" „produzierte" „Figürlichkeit" heißt dann also, dass ein *apriorischer zeitlicher Rahmen* erzeugt wird, der die Angemessenheit und Passfähigkeit der Kategorien in Bezug auf die Gegenstände der sinnlichen Anschauung sicherstellt.[242] (Hiermit wird offensichtlich der transzendentale Rahmen für das Schematismus-Kapitel bereitgestellt.)[243] Um diese These zu erhärten, ist es hilfreich, auf eine Unterscheidung einzugehen, die Kant im zweiten Teil des § 24 macht.[244]

---

[240] KrV, B 152.
[241] Vgl. KrV, B 155 oben.
[242] Es besteht somit eine gewisse Parallele zwischen der synthesis speciosa und der transzendentalen Apperzeption. So wie diese eine höhere (qualitative) Einheit gegenüber der Kategorie der (quantitativen) Einheit darstellt, macht jene eine höhere Form der Synthesis gegenüber den Verstandessynthesen (insbesondere in der „Kategorien-Deduktion") aus.
[243] Im Schematismus-Kapitel wird gezeigt, wie die Kategorien sich mittels sogenannter „Schemata" (= „transzendentale Zeitbestimmungen") konkret auf die Anschauungen anwenden lassen. (Siehe hierzu die letzten beiden Anhänge.)
[244] KrV, B 154.

Kant unterscheidet nämlich die Synthesen der Apperzeption, des inneren Sinnes und der Einbildungskraft. Die Synthese der Apperzeption geht *vor aller sinnlichen Anschauung* auf *Objekte überhaupt* (Intellektualität pur). Der innere Sinn enthält bloß die Form der Anschauung *vor aller BESTIMMTEN Anschauung* (das heißt hier: vor jeglicher Verbindung) und bringt das Mannigfaltige lediglich in eine zeitliche Ordnung (Sinnlichkeit a priori pur). Wir haben hier also die schroffe Gegenüberstellung der Synthese der Apperzeption und der Synthese des Sinnes. Erstere bezieht sich auf die rein kategoriale Bestimmung eines lediglich gedachten Gegenstandes überhaupt; letztere betrifft lediglich die zeitliche Ordnung der Anschauung „vor" bzw. unabhängig von jeder kategorialen Bestimmung durch den Verstand. Um Erscheinung und Gegenstand überhaupt zu vermitteln ist somit die Einbildungskraft nötig. Was steuert diese nun konkret hierzu bei? *Die Synthese der Einbildungskraft sorgt durch synthetisierende sukzessive Bestimmung des inneren Sinns – d. h. qua figürliche Synthesis – für die* MÖGLICHKEIT DER BESTIMMUNG DER ANSCHAUUNG, was nun, wie Kant betont, den „synthetischen Einfluss des Verstandes auf den inneren Sinn"[245] kenntlich machen und hervorheben soll.

Der entscheidende Satz ist folgender – und dabei werden zum besseren Verständnis die maßgeblichen Pronomen durch die ihnen entsprechenden Substantive ersetzt: „Der Verstand *findet* […] in dem inneren Sinn nicht etwa schon eine <sukzessive> Verbindung des Mannigfaltigen, sondern *bringt sie hervor*, indem er den inneren Sinn *affiziert.*"[246] Die sukzessive Verbindung des Mannigfaltigen wird dadurch erzeugt, dass der innere Sinn durch den Verstand affiziert wird. Selbstaffektion des Gemüts ist der Grund für die sukzessive Verbindung des Mannigfaltigen, durch die allererst das Objekt konstituiert wird. *Der phänomenologischen Kontraktion, mittels derer der Bezug zum Gegenstand durch Selbstkontraktion der Apperzeption hergestellt wird, liegt also die Selbstaffektion zugrunde.*

Wie ist das aber genau zu verstehen und zu veranschaulichen, dass mittels der Affektion des inneren Sinnes durch den Verstand sukzessive Verbindung des Mannigfaltigen zustande gebracht wird? Was hat beides überhaupt miteinander zu tun?

---

[245] Ebd.
[246] KrV, B 155.

3. Die B-Deduktion

Es wird im § 24 – insbesondere auf den Seiten B 154–B 156 – deutlich, und die gerade entwickelte Analyse hat das ganz klar zum Ausdruck gebracht, dass hier alles auf die *Sukzession* hinausläuft – und diese macht somit den oben erwähnten „zeitlichen Rahmen" aus. Das, was in der „figürlichen Synthesis" „figuriert", gebildet wird, ist die Sukzession selbst! Und die Sukzession verdankt sich gerade der Selbstaffektion qua Selbstbestimmung des inneren Sinnes, die sich in einer *Bewegung* vollzieht, welche die transzendentale Handlung des Subjekts selbst kennzeichnet. Diese Bewegung, die allein *transzendentalphilosophische* Relevanz hat, muss laut Kant als „reiner Aktus der sukzessiven Synthesis des Mannigfaltigen in der äußeren Anschauung überhaupt durch produktive Einbildungskraft"[247] aufgefasst werden. Kant führt dazu näher aus: „Bewegung, als Handlung des Subjekts (nicht als Bestimmung eines Objekts), folglich die Synthesis des Mannigfaltigen im Raum, wenn wir von diesem abstrahieren, und bloß auf die Handlung achthaben, dadurch wir den *inneren* Sinn seiner Form gemäß bestimmen, bringt [...] den Begriff der Sukzession erst hervor."[248] Kant führt hierzu mehrere Beispiele an – die des Linienziehens, des Beschreibens eines Kreises, des Setzens der Dreidimensionalität des Raumes und sogar der Vorstellung von Zeit überhaupt –, um zu erweisen, dass dabei jedes Mal die figürliche Synthesis qua Hervorbringung einer bestimmten Art von Sukzession – und damit die Selbstaffektion – im Spiel ist (wodurch *hier* übrigens zum Ausdruck kommt, dass nicht – wie in der A-Ausgabe herausgestellt wurde – die *Beharrlichkeit*, sondern die *Sukzession* die grundlegende Zeitbestimmung ausmacht).

Mit dieser Herausstellung der „transzendentalen" und „produktiven" „Synthesis der Einbildungskraft" ist somit der erste Teil der subjektiven Deduktion in der B-Auflage abgeschlossen.

---

[247] KrV, B 155 Fußnote.
[248] KrV, B 154f.

§ 25 Bewusstsein des Seins des Ich und Bewusstsein des Sich-Erscheinens des Ich

Den zweiten Gedankengang des § 24 zu Ende führend stellt Kant die Frage, wie ich mir selbst in jener transzendentalen Synthesis des Mannigfaltigen der Vorstellungen überhaupt *bewusst* bin. Er antwortet: Ich bin mir lediglich bewusst, *dass* ich bin; in diesem Fall „existiere ich" also „als Intelligenz". In der Verbindung des Mannigfaltigen hingegen, in welchem Falle diese Intelligenz dem *inneren Sinn* unterworfen wird, bin ich mir bewusst, wie ich mir *erscheine*. Was nun Ersteres, also das Bewusstsein des Ich in seinem *Sein*, anbetrifft, kann lediglich festgestellt werden, dass es sich seines Verbindungsvermögens bewusst ist. Darüber hinaus kann vom Bewusstsein des Seins des Ich nichts ausgesagt werden, da ihm keinerlei Anschauung entspricht.

§ 26 Transzendentale Deduktion des allgemein möglichen Erfahrungsgebrauchs der Kategorien

Der Status der „transzendentalen Deduktion" im § 16 ist mit einigen nicht unerheblichen Schwierigkeiten behaftet. Das liegt daran, dass *zwei Absichten* verfolgt werden. Zum einen soll, gemäß der Ankündigung in § 21,[249] gezeigt werden, wie die Deduktion nun spezifisch für die *menschliche sinnliche* Anschauung gelten kann (deren Formen a priori Raum und Zeit sind), also nicht mehr bloß für eine „gegebene Anschauung *überhaupt*" gültig ist (in diesem Rahmen war ja zunächst die Deduktion in § 20 erfolgt). Das bedeutet ganz offenbar, dass Kant hier von einem *weiteren* zu einem *engeren* Rahmen übergeht – nämlich von einer gegebenen Anschauung *überhaupt* (die sowohl als sinnlich als auch als nicht-sinnlich aufgefasst werden kann) zu einer ausschließlich *sinnlichen* Anschauung. Zum anderen aber soll nun eine Deduktion durchgeführt werden, welche die Möglichkeit der Erkenntnis der Gegenstände der Sinne durch Ka-

---

[249] „In der Folge (§ 26) wird aus der Art, wie in der Sinnlichkeit die empirische Anschauung gegeben wird, gezeigt werden, dass die Einheit derselben keine andere sei, als welche die Kategorie nach dem vorigen § 20 dem Mannigfaltigen einer gegebenen Anschauung überhaupt vorschreibt, und dadurch also, dass ihre Gültigkeit a priori in Ansehung aller Gegenstände unserer Sinne erklärt wird, die Absicht der Deduktion allererst völlig erreicht werden," KrV, B 144f.

tegorien so erklärt, dass das nicht mehr gemäß der *Form der Anschauung*, sondern nach den *Gesetzen der Verbindung der Sinne* geschehe. Dadurch soll erklärt werden, wie das, was durch die Sinne zugänglich gemacht wird, unter den Gesetzen, die doch allein aus dem Verstand a priori entspringen, stehen, also wie gewissermaßen das „Objektive" einer „subjektiven" Gesetzmäßigkeit unterliegen kann. Hier scheint also der umgekehrte Weg von einem *engeren* (nur *auf die Form der Anschauung* begrenzten) zu einem *weiteren* (den *allgemeinen* Gebrauch der Kategorien betreffenden) Rahmen beschritten zu werden[250] (was auch im Titel des § 26 zum Ausdruck gebracht wird).[251] Wie sind nun aber diese beiden Lesarten miteinander vereinbar?

Die Antwort wurde in der bisherigen Forschungsliteratur bereits gegeben, und zwar von Manfred Baum, an dessen Lesart sich die hier vorgelegte Auslegung mit einer Ausnahme anschließt. Baums These lautet:

Der erste Teil der Deduktion (§ 20) beweist die Kategorien als Bedingungen der Objektivität der Objekte einer jeden (sinnlichen) Anschauung, der zweite Teil der Deduktion beweist die Kategorien als Bedingungen unserer Erkenntnis der Objekte durch Erfahrung (verknüpfte Wahrnehmungen). Daraus folgt, dass der zweite „Schritt" der Deduktion kein Fortschritt über den ersten hinaus ist, sondern sich zu ihm invers verhält: Raum und Zeit sind *subjektive* Bedingungen der Erkenntnis [= zweiter Schritt] eben jener Objekte der Anschauung überhaupt, deren objektive Bedingungen die Kategorien sind [= erster Schritt] [...].[252]

Die hier entwickelte „phänomenologische" Lesart weicht ein wenig davon ab.[253] Sie kann so verstanden werden, dass zwei Schritte einer

---

[250] Das ist jedenfalls Wagners Lesart.
[251] „Transzendentale Deduktion des *allgemein möglichen* Erfahrungsgebrauchs der reinen Verstandesbegriffe".
[252] M. Baum, *Deduktion und Beweis in Kants Transzendentalphilosophie*, Königstein, Athenäum, 1986, S. 12.
[253] Die hier vorgelegte Interpretation unterscheidet sich insofern von derjenigen Baums, als Baum offenbar den ersten Schritt als eine *subjektive* Deduktion versteht, während oben dargetan wurde, dass weitaus mehr dafür spricht, ihn als eine *objektive* Deduktion aufzufassen (nämlich die Tatsache, dass dort nicht von den subjektiven Erkenntnisquellen, sondern von den bereits als vorliegend angesetzten Kategorien ausgegangen wird). Dass

Deduktion vollzogen werden und dass dabei der erste Schritt die Kategorien als Bedingungen der *Objektivität* der Objekte (= objektive Deduktion) und der zweite Schritt dieselben als Bedingungen unserer *Erkenntnis* der Objekte durch Erfahrung (= subjektive Deduktion) beweist. Sehen wir nun also zu, wie Kant im Einzelnen verfährt.

Der § 24 hatte die transzendentale Synthesis der Einbildungskraft zum Gegenstand. Er hatte aufgezeigt, welche transzendentale „Figur" durch die Einbildungskraft produziert wird, d. h. wie sich die sukzessive Bestimmung des inneren Sinnes vollzieht, um die Einschreibung aller Vorstellungen *in* bzw. die Anpassung derselben *an* den inneren Sinn möglich zu machen. Das betraf aber ausschließlich die Bedingung der Anwendung der Kategorien auf die *apriorische Zeitform*, also in der Tat auf den „inneren Sinn" qua *reiner* Anschauung. Damit ist aber noch nichts über die *empirische* Anschauung gesagt, die ja ebenfalls in die Erfahrung (= empirische Erkenntnis) konstitutiv eingeht. *Diesen* Punkt (der eben den zweiten Teil der subjektiven Deduktion in der B-Auflage ausmacht) gilt es nun für Kant in diesem Paragraphen zu klären.

Jede Wahrnehmung bedarf einer eigentümlichen Synthese, durch die das Mannigfaltige der Sinnlichkeit in *einer empirischen Anschauung* zusammengesetzt wird. Diese Synthese bezeichnet Kant als „Synthesis der Apprehension". Ohne eine solche Synthese ist überhaupt keine Wahrnehmung möglich.

Diese Synthese muss nicht für die „Formen der Anschauung" Raum und Zeit (qua Formen a priori der Sinnlichkeit), sondern (wie es bereits in der „Synthesen-Deduktion" in der A-Auflage gezeigt wurde) für die „formalen Anschauungen" Raum und Zeit (qua grundlegenden Einheitsbestimmungen aller Vorstellungen) gültig sein. Raum und Zeit, als „formale Anschauungen" verstanden, liegen jeder Erscheinung (und damit der Erfahrung) zugrunde.[254] Somit ermöglicht die für sie erforderliche Synthesis der Apprehension (die apriorisch sein muss) die Erfahrung. – Diese Argumentation

---

der zweite Schritt in einer subjektiven Deduktion besteht, ist dagegen unstrittig.

[254] Dabei liegen diese „formalen Anschauungen" sozusagen auf der „objektiven" – besser: prä-objektiven – Seite, während die „Formen a priori der Anschauung" der „subjektiven" Seite zugehören.

3. Die B-Deduktion

entspricht ganz offensichtlich jener der „Synthesis der Apprehension in der Anschauung" in der A-Deduktion. Während diese Synthesis in der A-Auflage der Synthesis der Rekognition untergeordnet war, wird sie hier gewissermaßen aufgewertet, weil sie den Kern des zweiten Teils der subjektiven Deduktion in der B-Auflage ausmacht. –

Wie ist es nun möglich, dass die Kategorien den Erscheinungen Gesetze a priori vorschreiben können? Kant stellt diese Frage folgendermaßen – wobei er ein gewisses Erstaunen nicht unterdrückt (der elliptische Satz auf Seite B 164 kann folgendermaßen korrigiert und vervollständigt werden): „Es ist [...] nichts befremdlicher, <als die Art,> wie die Gesetze der Erscheinungen in der Natur mit dem Verstande und seiner Form a priori, d. h. seinem Vermögen, das Mannigfaltige überhaupt zu *verbinden*, <übereinstimmen sollen>, <so wie ja auch> die Erscheinungen selbst mit der Form der sinnlichen Anschauung a priori übereinstimmen [...]."

Die Lösung dieses Problems hängt am Begriff der „Verknüpfung" (der offenbar auf den Begriff der „Verbindung" im § 15 verweist) bzw. des „verknüpfenden Vermögens":

Nun ist das, was das Mannigfaltige der sinnlichen Anschauung verknüpft, *Einbildungskraft*, die vom *Verstande*, der Einheit ihrer intellektuellen Synthesis [nach], und von der *Sinnlichkeit*, der Mannigfaltigkeit der Apprehension nach, abhängt. Da nun von der Synthesis der Apprehension alle mögliche Wahrnehmung, sie selbst aber, diese empirische Synthesis, von der transzendentalen [Synthesis], mithin [von] den Kategorien, abhängt, so müssen alle möglichen Wahrnehmungen, mithin auch alles, was immer zum empirischen Bewusstsein gelangen kann, d. h. alle Erscheinungen der Natur, ihrer Verbindung nach, unter den Kategorien stehen [...].[255]

Kant sagt hier zweierlei. 1.) Die Erfahrung hängt von der Synthesis der Apprehension ab, diese aber hängt von den Kategorien ab. Ergo – und damit ist das Beweisziel erreicht – *steht jede Erfahrung unter den Kategorien*. Auch dem zweiten Punkt der subjektiven Deduktion wird somit Genüge getan und Kants Vorhaben dadurch zum Abschluss gebracht.

2.) Jede Verknüpfung der Mannigfaltigkeit hängt von der Einbildungskraft ab (wobei deren Einheitsgrund freilich auf den Verstand

---

[255] KrV, B 164f.

zurückzuführen und die zu synthetisierende Mannigfaltigkeit der Sinnlichkeit zu verdanken ist). Hierzu macht Kant in einer Fußnote die wichtige Bemerkung, „dass die Synthesis der Apprehension, welche empirisch ist, der Synthesis der Apperzeption, welche intellektuell und gänzlich a priori in der Kategorie enthalten ist, *notwendig gemäß sein müsse. Es ist eine und dieselbe Spontaneität, welche dort, unter dem Namen der Einbildungskraft,*[256] *hier des Verstandes, Verbindung in das Mannigfaltige der Anschauung hineinbringt.*"[257] Es herrscht somit, was die Verbindung des Mannigfaltigen der Anschauung angeht, absolute Übereinstimmung der synthetischen Leistungen von Einbildungskraft und Verstand sowohl auf der empirischen als auch auf der apriorischen Ebene.[258] Und mit dem Zitat aus dieser Fußnote wird auch explizit zum Ausdruck gebracht, dass die vollzogenen Schritte im § 24 und in diesem § 26 zusammengehören und diese (subjektive) Deduktion zum Abschluss bringen.

§ 27 Resultat dieser Kategorien-Deduktion
Kant insistiert darauf, dass die Kategorien die Gründe der Möglichkeit der Erfahrung enthalten. Dies bekräftigt hier abschließend noch einmal den Vorrang der Perspektive der subjektiven Deduktion. Woraus ist das ersichtlich? Kant setzt jenen Tatbestand explizit mit der Konzeption eines „Systems der *Epigenesis* der reinen Vernunft" gleich. Im § 81 der *Kritik der Urteilskraft* bezeichnet Kant die Epigenesis als „generische Präformation" (deren generativer Charakter somit von ihm auch terminologisch bestätigt wird). *Diese* Art der Präformation darf nicht mit jener verwechselt werden, die einer prästabilierten Harmonie (im Sinne von Leibniz) gleichkäme (Kant lehnt diese Konzeption ausdrücklich ab, weil sie der Notwendigkeit ermangelt und die Erkenntnis einer Beliebigkeit aussetzt). Sie un-

---

[256] Diese These wird aus der A-Deduktion übernommen, siehe A 120 (Fußnote) – wenngleich Kant in der B-Deduktion freilich dazu neigt, die Einbildungskraft stärker dem Verstand anzunähern.
[257] KrV, B 162; hervorgehoben v. Vf. Damit wird also die gerade erwähnte Aufwertung der Synthesis der Apprehension noch einmal bestätigt (was ja auch der angesprochenen, sich im § 24 herauskristallisierenden Aufwertung der Sukzession gegenüber der Beharrlichkeit entspricht).
[258] Auch hierdurch wird – in der B-Deduktion im Vergleich zur A-Deduktion – die Rolle der Einbildungskraft gegenüber jener des Verstandes aufgewertet.

3. Die B-Deduktion

terscheidet sich insofern von ihr, als in der wohlverstandenen Epigenesis die Erkenntnis voll und ganz an die Generativität der subjektiven Erkenntnisquellen gekoppelt wird und nicht als biologische Genesis verstanden werden darf. Die Epigenesis der reinen Vernunft bestimmt und kennzeichnet hier die Deduktion der reinen Verstandesbegriffe, weil „die Kategorien von Seiten des Verstandes die Gründe der Möglichkeit aller Erfahrung überhaupt enthalten".[259] Der Bezug auf die Epigenesis fasst somit auf eine anschauliche (und gewissermaßen metaphorische) Weise die Grundidee der subjektiven Kategorien-Deduktion noch einmal zusammen.[260]

Der „kurze Begriff der Deduktion" hält schließlich fest, dass die auf dem Prinzip der ursprünglichen synthetischen Einheit der Apperzeption beruhenden Kategorien die Erfahrung insofern möglich machen, als sie alle Erscheinungen in Raum und Zeit notwendig bestimmen. Das ist eindeutig das Résumé der *objektiven*, nicht der *subjektiven* Deduktion und trägt somit der eigentlichen Komplexität und Tiefe der Kategorien-Deduktion insgesamt nicht Rechnung.

---

[259] KrV, B 167.
[260] Man könnte – in der Terminologie v. Vf. in *Seinsschwingungen* (*op. cit.*) – sagen, dass das Beweisziel der subjektiven Deduktion dadurch erreicht ist, dass sich in einem generativen Sinnbildungsprozess (in dem der produktiven Einbildungskraft die zentrale Rolle zukommt) „kategorische Hypothetizität" erwiesen hat. Es war zunächst überhaupt nicht sicher, ob mit der Auseinanderlegung des Vermögens zu denken auch Gegenstandsbezüglichkeit hergestellt werden kann. Genau das wurde aber gezeigt. Somit ermöglicht diese generative Verfahrensweise in der Tat die Aufweisung von Kategorizität in Hypothetizität.

SCHLUSS

Schematische Darstellung aller Deduktionen in der Kritik der reinen Vernunft

Insgesamt legt Kant in den ersten beiden Auflagen der *Kritik der reinen Vernunft* sieben Deduktionen, das heißt sieben unterschiedliche Argumentationen der Deduktion (drei objektive, vier subjektive) vor.

Die objektive Deduktion geht – statisch – von Gegebenem aus (sei es die Erfahrung überhaupt, die Erscheinung oder die Urteilsformen, was immer auch die bereits vorliegenden Kategorien miteinschließt) und hat zum Ziel, die objektive Gültigkeit dieser reinen Verstandesbegriffe zu erweisen. Die subjektive Deduktion geht der Frage nach der Möglichkeit des Vermögens zu denken selbst nach und bringt dabei jedes Mal die Einbildungskraft mit ins Spiel. Sie geht über die spezifische Problemstellung der objektiven Deduktion hinaus und fragt – dynamisch – nach der möglichen Gegenstandsbezüglichkeit von Denken überhaupt.

Die unterschiedlichen Argumente dieser verschiedenen Deduktionen lassen sich auf die folgende Art zusammenfassen:

Erste objektive Deduktion (§ 14)
Die objektive Realität der Kategorien besteht darin, dass durch sie *Erfahrung überhaupt möglich gemacht wird.*

A-Deduktion

1/ „Synthesen-Deduktion"
Phänomenologische „Kontraktion"; die Synthese vollzieht sich dabei mithilfe der Kategorien, wodurch sich die objektive Realität derselben erweist.
Die Argumentation fußt hier auf (Raum und) Zeit sowie auf der Progression der drei Synthesen.
2/ Deduktion von oben
Wie die „Synthesen-Deduktion" + produktive Einbildungskraft

3/ Deduktion von unten

Wie die Deduktion von oben + Intellektualisierung der produktiven Einbildungskraft durch die reine Apperzeption (die dazu der Kategorien bedarf).

Summarische Vorstellung (= objektive Deduktion[261])

Dem Gegenstand qua Erscheinung muss eine einheitsstiftende reine Apperzeption zugrunde liegen. Diese Einheitsstiftung wird durch die Kategorien gewährleistet, woraus sich wiederum deren objektive Realität ergibt.

B-Deduktion

1. Schritt: wie die summarische Vorstellung der A-Deduktion + Urteilsfunktionen (objektive Deduktion).[262]

2. Schritt: Die Beantwortung der „Wie-Frage" (= subjektive Deduktion) hat zwei Teile:

a/ in Bezug auf die Anschauung a priori (mit der Synthesis der produktiven Einbildungskraft [= Erzeugung von Figürlichkeit]) (§ 24);

b/ in Bezug auf die empirische Anschauung (mit der Synthesis der Apprehension) (§ 26).

Dem entspricht folgende zweifache Konstellation: Im ersten Schritt wird gezeigt, wie durch die Kategorien Einheit in das Mannigfaltige einer gegebenen Anschauung *überhaupt* hineingebracht, während im zweiten Schritt das Gleiche für eine *sinnliche* Anschauung, deren Formen für uns Raum und Zeit sind, geleistet wird.[263]

---

[261] Diese zweite objektive Deduktion stellt sich wie die erste objektive Deduktion dar – mit dem einzigen Unterschied, dass hier nun noch die Rolle der transzendentalen Apperzeption mitberücksichtigt wird.

[262] Diese dritte objektive Deduktion entspricht also der zweiten mit Hinzunahme der Urteilsfunktionen.

[263] Da der „allgemein mögliche Erfahrungsgebrauch" der Kategorien nicht nur die reinen Anschauungen Raum und Zeit (§ 24), sondern auch die empirischen Anschauungen (§ 26) betrifft, ist er erst abschließend behandelt, wenn letztere ebenfalls berücksichtigt werden. Genau dies ge-

Schluss 133

Hat sich dadurch die anfangs aufgestellte Hypothese zur jeweiligen Rolle der objektiven und der subjektiven Deduktion bestätigt?

Mit der objektiven Deduktion, genauso wie mit dem Aufweis, dass durch die Kategorien Einheit in das Mannigfaltige einer gegebenen Anschauung *überhaupt* hineingebracht wird, ist das grundsätzliche Ziel der Deduktion zwar erreicht. Dass damit aber auch der „Hauptfrage" eine Antwort zugeführt wird, ist nicht gesagt. Die Definition der transzendentalen Kategorien-Deduktion lautete, dass erklärt werden sollte, wie sich Begriffe a priori auf einen Gegenstand beziehen können. Nun ist es aber gerade das *Denken*, welches das Mannigfaltige so vereinigt, dass dadurch ein Gegenstand konstituiert wird. Wenn also danach gefragt wird, wie der Gegenstandsbezug möglich ist, dann antwortet man letztlich auf die Frage, wie das Denken selbst möglich ist. Und das ist ja eben die Formulierung der Aufgabe der subjektiven Deduktion. Ergo entspricht die Aufgabe der transzendentalen Kategorien-Deduktion exakt dem, was sich die subjektive Deduktion zur Aufgabe macht.

Anders ausgedrückt geht es darum zu erklären, *wie* Erfahrung selbst durch die Kategorien möglich gemacht wird, bzw. wie „Denken" sich *konkret* auf Anschauungen vollziehen, also von Gegenständen gültig sein kann. Dieses Problem (das, wie gesagt, der Aufgabe der subjektiven Deduktion entspricht) siedelt sich auf einer *tieferen* Stufe an, als das, was durch die objektive Deduktion abgehandelt wird (es handelt sich hier sozusagen um eine höhere Reflexionsstufe). Es kann konsequenter Weise in der Tat nur durch die *subjektive* Deduktion gelöst werden. Das tut Kant tatsächlich auch in den Paragraphen 24 und 26. Dort wird ja gezeigt, wie sich die Anwendung der Kategorien auf die Anschauung(en) *konkret* vollzieht – nämlich einmal über die Synthesis der produktiven Einbildungskraft auf die reinen Anschauungen (§ 24) und ein anderes Mal über die Synthesis der Apprehension auf die empirischen Anschauungen (§ 26). Nur wenn die subjektive Deduktion in ihrer systematischen Bedeutsamkeit gewürdigt wird, wird auch verständlich, wie die beiden Schritte der B-Deduktion schlüssig zusammenhängen.

schieht im § 26. Daher trägt er folgerichtig den Titel „Transzendentale Deduktion des *allgemein* möglichen *Erfahrungsgebrauchs* der reinen Verstandesbegriffe".

Änderungen zwischen den beiden Auflagen

In der Literatur liegt, was die Neufassung der B-Deduktion gegenüber der A-Deduktion begründet, zwar bereits einiges Wissenswertes vor, aber eine *systematische* Gegenüberstellung stellt weiterhin ein Forschungsdesideratum dar. Im Rahmen der hier vorgelegten „minimalistischen" Auslegung, soll – einer ausstehenden *fundierten* Analyse vorgreifend – nur kurz auf das Allerwesentlichste eingegangen werden.

Formal fällt zunächst ins Auge, dass die Deduktionsstruktur der B-Auflage von jener der A-Auflage abweicht. Man könnte letztere als „vertikale" und erstere als „horizontale" Deduktionsweise bezeichnen. In der Fassung von 1781 vollziehen sich die drei subjektiven Deduktionen „*von unten*" bzw. „*von oben*", während die Fassung von 1787 lediglich zwischen einer *apriorischen* Perspektive (Synthese der Einbildungskraft) und einer *empirischen* Perspektive (Synthese der Apprehension) unterscheidet (dies galt aber auch schon – zusätzlich zur „Vertikalität" – für die Deduktionen „von oben" und „von unten"). Inhaltlich kommen in der B-Auflage gegenüber der A-Auflage bei der objektiven Deduktion die *Urteilsfunktionen* und bei der subjektiven Deduktion die *Figürlichkeit* sowie die *Selbstaffektion* als völlig neue Begriffe hinzu. Ein Unterschied lässt sich schließlich auch hinsichtlich der Art, wie der *Gegenstandsbezug* erwiesen wird, feststellen. In der A-Auflage wird der Gegenstandsbezug durch den *Begriff* und die „phänomenologische *Kontraktion*", in der B-Auflage durch *Apperzeption* und logische Funktion des *Urteilens* (objektive Deduktion) bzw. durch eine *figürliche Synthesis* (subjektive Deduktion) hergestellt.[264] Er unterliegt also in der A-Auflage dem Verstand, in der B-Auflage der Einbildungskraft (die dementsprechend dem Verstand zugeschrieben werden muss). Die Rolle des Verstandes bleibt hierbei in beiden Auflagen dieselbe. Was sich aber ändert, ist, dass bei dieser ganzen Problematik des Gegenstandsbezugs in der subjektiven Deduktion innerhalb der zweiten Auflage eine (noch) stärkere Betonung auf den *inneren Sinn*, also auf die *Zeit*,

---

[264] Die Tatsache, dass diese Frage nach der Möglichkeit des Gegenstandsbezugs, die ja *die Grundfrage der Deduktion überhaupt* ist, in der B-Auflage in den beiden Hauptschritten völlig unterschiedlich beantwortet wird, ist ein weiteres Argument dafür, diese beiden Schritte jeweils einer eigenen Deduktionsart (nämlich der objektiven und der subjektiven) zuzuordnen.

gelegt wird, als das in der ersten Auflage der Fall ist. Im Gegensatz zu einer häufig vertretenen Position stellt sich hier somit heraus, dass der Zeit in der B-Auflage mindestens eine genauso wichtige Rolle (wenn nicht gar eine noch bedeutsamere) zukommt wie in der A-Auflage.

Wenn man versuchte, die Argumentation der Kategorien-Deduktion in den beiden Auflagen auf das Wesentlichste verkürzt zusammenzufassen, dann wären zwei Punkte festzuhalten. Erstens wird der Gegenstandsbezug 1781 durch die „phänomenologische Kontraktion" und 1787 durch die „figürliche Synthesis" hergestellt. Damit wird deutlich, dass Kant in der A-Auflage das „Bewirken" des „transzendentalen Selbstbewusstseins" zu fassen versucht, während in der B-Auflage die „Produktivität" (bzw. „Generativität") der „transzendentalen Einbildungskraft" im Zentrum der Analyse steht – ein Ansatz, der nichts anderes bedeutet als die konkrete Ausgestaltung der eingangs eingeführten Idee einer „lebendigen" Philosophie. Eine Verschiebung von einer *bewusstseinszentrierten* Auffassung hin zu einer solchen, die keine Bewusstseinsakte veranschlagt, sondern genuin *transzendentale* („*generative*") *Sinnbildungsprozesse* hervorscheinen lässt, oder anders gesagt: von einer *psychologisierenden* zu einer durch und durch *transzendentalen* Fassung der Deduktion, scheint den offensichtlichen Hintergrund für die Notwendigkeit einer Neufassung der Kategorien-Deduktion zu bilden. Da jedenfalls der Einbildungskraft in den Deduktionen „von oben" und „von unten" eine wichtige Rolle zugesprochen wird, die dadurch zu leistende Gegenstandskonstitution aber erst in der B-Auflage voll und ganz einsichtig gemacht wird, liefern die 1787 angebrachten Änderungen zweifellos die Grundlage für die (aus Kants Perspektive) berechtigte Auffassung, die B-Deduktion als eine verbesserte Version gegenüber der A-Deduktion anzusehen.

Aus einer phänomenologischen Sichtweise betrachtet, die sich auf rein systematische Erwägungen beschränkt, legen die A-Auflage und die B-Auflage somit unterschiedliche Fassungen der Grundlegung des Gegenstandsbezugs (die ja für die Aufklärung der „Korrelation" wertvolle Hinweise liefert) vor, die dank ihrer begrifflichen Originalität und argumentativen Stärke weiterführende Reflexionen als lohnenswert erscheinen lassen. Jedenfalls sind allein schon die „phänomenologische Kontraktion" und die „Figürlichkeit" ganz ohne Zweifel zwei hochinteressante Begriffe, die sich die phänomenologische Methode nutzbar machen sollte.

Zweitens laufen die „Synthesen-Deduktion" in der A-Auflage einerseits und der § 16 der B-Deduktion andererseits auf zwei bemerkenswerte gegenseitige Vermittlungsverhältnisse hinaus. In der A-Auflage betrifft dies das Verhältnis von apriorischem Gegenstandsbezug und Bewusstsein der Identität der Apperzeption und in der B-Auflage die analytische (numerisch-identische) Apperzeption, welche die Selbstzuschreibung aller Vorstellungen ermöglicht, und das Bewusstsein der Synthese dieser Vorstellungen (= synthetische Apperzeption) als Grund jener analytischen Apperzeption. Handelt es sich hierbei aber streng genommen wirklich um eine *Änderung* zwischen einem wesentlichen Gedanken der A-Auflage und einer nicht minder bedeutsamen Einsicht der B-Auflage? Auf den ersten Blick scheint dem so zu sein, denn die Möglichkeit des apriorischen Gegenstandsbezugs, der in der A-Auflage ja ein Glied dieses Wechselverhältnisses ist, wird in der B-Auflage erst im § 17 – also *nach* der Aufweisung jenes Vermittlungsverhältnisses – aufgeklärt. Wenn man aber die Ausführungen des § 17 zu jenen des § 16 hinzuzieht, dann lässt sich gerechtfertigter Weise sagen, dass es sich in den beiden Auflagen doch um das gleiche gegenseitige Vermittlungsverhältnis handelt.

***

Im Vorwort wurde das hier verfolgte Abzielen auf eine „lebendige Philosophie" hervorgehoben. Hauptmerkmal derselben ist das permanente, *zielorientierte* Suchen von Problemlösungen, das sich niemals mit einem Vorgegebenen, einem nicht hinterfragten Auf-sich-Beruhenden, zufriedengibt. Das tiefgreifende Thema der Kategorien-Deduktion ist die Bedingung der Möglichkeit von Gegenstandsbezüglichkeit, von Subjekt-Objekt-Korrelationalität. Der Grundgestus der „subjektiven Deduktion", der Möglichkeit des Vermögens zu denken nachzuspüren und dabei die „Epigenesis" der Erkenntnis qua „generische Präformation" hervorscheinen zu lassen, stellt sehr anschaulich eines der Motive einer lebendigen Philosophie dar. Noch einmal: Paradebeispiel einer solchen ist die „phänomenologische Kontraktion". In dieser versammelt sich gleichsam das der lebendigen Philosophie ureigene Prinzip – wenn es sich darin nicht gar verdoppelt. Man kann Kant regelrecht dabei zusehen, wie sein problemgeleitetes Fragen, wie das unablässige „Martern" des Gemüts den Weg zu diesem Begriff ebnet. Die Synthese der Rekognition in der A-Deduktion und die Paragraphen 24 und 26 der B-Deduktion zeugen davon, wie generativ-phänomenologisches Fragen und Suchen sich bereits lange vor der Geburtsstunde der modernen Phänomenologie hat vollziehen können. Es bestehen somit nicht lediglich historiographische Filiationen zwischen der Phänomenologie und der Klassischen Deutschen Philosophie – wenn man bereit ist, Kant in diese einzuordnen. An der Kategorien-Deduktion lässt sich ablesen, welcher gemeinsame Geist beide bewegt hat und immer noch bewegt.

Anhang I: Der transzendentale Schematismus

In diesem zweiten Anhang geht es um das vorletzte wichtige Kapitel in Kants transzendentaler Analytik – also um *den* Teil der transzendentalen Logik, der, im Gegensatz zur transzendentalen *Dialektik*, *Erkenntnis*relevanz hat – nämlich um das *Schematismus*-Kapitel. Dieses Kapitel, das Heidegger bestimmt nicht zu Unrecht als das „Kernstück"[265] der *Kritik der reinen Vernunft* angesehen hat, ist aus zwei Gründen interessant. Zum einen wird hier an den Kerngedanken der subjektiven Kategorien-Deduktion angeschlossen und gezeigt, *wie* die Kategorien sich *konkret* auf die Gegenstände der Anschauung anwenden lassen. Zum anderen kann es aber auch als Quelltext dafür herhalten, die Zeit in ihrer metaphysischen Dimension zu fassen – wobei man jedoch über den Rahmen von Kants Erkenntnislehre hinausgehen müsste.

Den Überlegungen sollen einige einleitende Bemerkungen zur *Urteilskraft* vorangestellt werden. Die Urteilskraft ist das, was nach Kants Dafürhalten intelligente Menschen auszeichnet: nämlich das Vermögen zu erkennen, ob und wann etwas unter eine allgemeine Regel fällt oder nicht. Der Einfältigere mag die Regeln auswendig

---

[265] M. Heidegger, *Phänomenologische Interpretation von Kants* Kritik der reinen Vernunft, *op. cit.*, S. 194, 287, 386, 429. Dieser sachlich in der Tat durchaus vertretbaren Ansicht steht freilich ein höchst unbefriedigender Textbestand entgegen. Es ist sonderbar, dass Kant den Gedankengang des Schematismus-Kapitels in der B-Auflage nicht klarer und deutlicher dargelegt hat. Das ändert aber nichts daran, dass die Auffassung mancher Kommentatoren, das Schematismus-Kapitel sei entbehrlich, deutlich zurückgewiesen werden muss. Eine solche Ansicht wurde laut G. Seel (in *Kritik der reinen Vernunft – Klassiker Auslegen*, G. Mohr & M. Willaschek (Hsg.), Berlin, Akademie-Verlag, 1998, S. 245) zum Beispiel von folgenden Autoren vertreten: E. Adickes, *Kants Kritik der reinen Vernunft*, Berlin, 1889, S. 171 (Anm. 1); E. R. Curtius, „Das Schematismuskapitel in der *Kritik der reinen Vernunft*, Kant-Studien, Nr. 19/1914, S. 363–365; H. A. Prichard, *Kant's Theory of Knowledge*, Oxford, 1909, S. 246f.; G. J. Warnock, „Concepts and Schematism", *Analysis*, Nr. 8/1949, S. 77–82. Dass hingegen, wie Seel an gleicher Stelle behauptet, das Schematismus-Kapitel die transzendentale Deduktion „überflüssig" mache, ist nicht minder unhaltbar.

gelernt haben, aber wenn es ihm an Urteilskraft mangelt, wird er viel weniger weit kommen als derjenige, dem Kant „Mutterwitz" zuschreibt und der es zu entscheiden vermag, ob etwas unter die in Frage kommende Regel subsumiert werden kann oder eben nicht.

Das, was die Urteilskraft im üblichen Sinne ausmacht, kommt nun aber bei der *transzendentalen* Urteilskraft gerade *nicht* zur Anwendung. Hier geht es um die Frage, wie eine Kategorie konkret auf Anschauungen angewandt werden kann. Dabei steht das, was diese Anwendung gestattet, *dank der Einbildungskraft bereits zur Verfügung*: Kant nennt es das „Schema". Hier geht es also in der Tat ausschließlich um das „Wie": Sofern nämlich der Verstand und die Sinnlichkeit *ungleichartig* sind, soll es im Schematismus-Kapitel darum gehen zu erweisen, *wie* sich das besagte Subsumtionsverhältnis (also die Frage nach dem Gebrauch der Kategorien bzw. nach ihrer Anwendbarkeit auf Anschauungen) konkret darstellt. Aber was ist eigentlich genau unter „Gleichartigkeit" oder „Ungleichartigkeit" zu verstehen?

Dass diese Frage überhaupt gestellt werden muss, liegt am Beispiel, das Kant am Anfang des Kapitels hierfür gibt. Kant sagt nämlich, dass der empirische Begriff eines Tellers und der geometrische Begriff eines Kreises deshalb gleichartig seien, weil „die Rundung, die in dem ersteren gedacht wird, sich im letzteren anschauen lässt".[266] Die Gleichartigkeit bestünde also scheinbar darin, dass hier eine *Inhaltsgleichheit* vorliege. Dafür spricht auch Kants Behauptung, dass es für die Bewerkstelligung des Subsumtionsverhältnisses „ein Drittes geben müsse, was einerseits mit der Kategorie, andererseits mit der Erscheinung in Gleichartigkeit stehen muss, und die Anwendung der ersteren auf die letzte möglich macht. Diese vermittelnde Vorstellung muss rein (ohne alles Empirische) und doch einerseits *intellektuell*, andererseits *sinnlich* sein."[267] Aus dem weiteren Verlauf des Textes wird aber deutlich, dass *nicht* die Inhaltsgleichheit den Grund für die zu erklärende Gleichartigkeit abgibt. Man kann – und muss – die letzten beiden Gedanken nämlich auch so auffassen, dass Gleichartigkeit insofern gegeben ist, als die Vorstellungen demselben Vorstellungsvermögen entstammen. Gleichartigkeit bezeichnet somit die *Gleichheit des Ursprungs*.

---

[266] KrV, A 137/B 176.
[267] KrV, A 138/B 177.

Der Schematismus soll laut Kant von der „sinnlichen Bedingung" handeln, unter der „reine Verstandesbegriffe allein gebraucht werden können".[268] Bemerkenswert ist dabei: Es soll offenbar nur *eine* solche sinnliche Bedingung geben, da Kant hier im Singular spricht. Insbesondere aber geht es, wie gesagt, um den rechtmäßigen „Gebrauch" der Kategorien, d. h. darum, wie durch die Kategorien etwas gedacht werden kann, das dadurch auch eine Erkenntnis bereitstellt (also „objektive Realität" hat). Wenn nun aber genau das durch eine *sinnliche* Bedingung bewerkstelligt werden soll, dann stellt sich die Frage, warum in der transzendentalen Logik erst so spät davon die Rede ist. Hätte nicht bereits die transzendentale Ästhetik bzw. die Kategorien-Deduktion davon handeln müssen?[269]

Kant macht daher auf den deutlichen Unterschied zwischen der Deduktion, die eine Rechtfertigung für die Legitimität des Kategorien-Gebrauchs liefern soll, und dem Schematismus, der zeigen soll, wie[270] Kategorien sich konkret auf Anschauungen beziehen können, aufmerksam. Der Hauptgrund für die von ihm gewählte Anordnung muss darin gesehen werden, dass die Grundsätze gewissermaßen aus den Schemata „fließen", sodass sich die Tatsache, dass sie unmittelbar vor diesen Grundsätzen behandelt werden, wohl aus diesem Sachverhalt ergibt. Ist es darüber hinaus aber über-

---

[268] KrV, A 136/B 175.

[269] Es ist Heidegger im Großen und Ganzen Recht zu geben, wenn er bemängelt, dass Kant im Schematismus-Kapitel sich mehr an der traditionellen Einteilung der Logik (Logik der Begriffe, Logik der Urteile, Logik der Schlüsse) orientiert, als dass er der Sachangemessenheit seiner eigenen Analysen folgte. Die die transzendentalen Schemata betreffenden Hauptpunkte des Kapitels stehen in engstem Zusammenhang mit der transzendentalen Kategorien-Deduktion – deutlich mehr jedenfalls als mit einer Doktrin der Urteilskraft.

[270] Laut Niklas Jaeneckes interessantem Vorschlag ist die Tatsache, dass hier gerade die Art des möglichen Sich-auf-den-Gegenstand-beziehen-Könnens Thema der Überlegung ist, ein Hinweis dafür, dass das Schematismus-Kapitel auch als eine weitere Version einer transzendentalen Deduktion gelesen werden könnte – nämlich als eine „objektive Deduktion", die eigentlich in unmittelbarer Nähe zum zweiten Schritt der B-Deduktion ihren adäquaten explikationslogischen Ort hätte. Im ersten Schritt der B-Deduktion werde nach seinem Dafürhalten der Gebrauch unschematisierter Kategorien, im zweiten Schritt der Gebrauch schematisierter Kategorien legitimiert.

haupt gerechtfertigt, die Schemata als „sinnliche Bedingungen" aufzufassen? Das muss differenziert betrachtet werden (wir sehen somit in der Tat, wie ungenau der Text dieses Kapitels verfasst ist bzw. wie schlecht Kant hier seinen Leser an die Hand nimmt). Die genauen Antworten hierauf werden sich jedenfalls aus der Definition und Erläuterung der Schemata ergeben.

Kant unterscheidet zwischen drei Arten von Schemata. Entsprechend der Tatsache, dass es empirische Begriffe (z. B. den Begriff des Hundes), reine sinnliche Begriffe (z. B. den Begriff des Dreiecks) und reine nichtsinnliche Begriffe (z. B. den Begriff der Substanz) gibt, sind auch drei Arten von Schemata zu unterscheiden: die Schemata der empirischen Begriffe oder empirischen Schemata, die Schemata der „reinen sinnlichen Begriffe"[271] (Schemata für Begriffe von Gegenständen der reinen Geometrie) und die Schemata der reinen Verstandesbegriffe (Kategorien) oder transzendentalen Schemata. Kant erläutert diese Unterschiede so:

[Der] Schematismus unseres Verstandes, in Ansehung der Erscheinungen und ihrer bloßen Form, ist eine verborgene Kunst in den Tiefen der menschlichen Seele, deren wahre Handgriffe wir der Natur schwerlich jemals abraten, und sie unverdeckt vor Augen legen werden. So viel können wir nur sagen: Das *Bild* ist ein Produkt des empirischen Vermögens der produktiven Einbildungskraft, das *Schema* sinnlicher Begriffe (als der Figuren im Raume) ein Produkt und gleichsam ein Monogramm der reinen Einbildungskraft a priori, wodurch und wonach die Bilder allererst möglich werden, die aber mit dem Begriffe nur immer vermittelst des Schema, welches sie bezeichnen, verknüpft werden müssen, und an sich demselben nicht völlig kongruieren. Dagegen ist das Schema eines reinen Verstandesbegriffs etwas, was in gar kein Bild gebracht werden kann, sondern ist nur die reine Synthesis, gemäß einer Regel der Einheit nach Begriffen überhaupt, die die Kategorie ausdrückt, und ist ein transzendentales Produkt der Einbildungskraft, welches die Bestimmung des inneren Sinnes überhaupt, nach Bedingungen ihrer Form (der Zeit), in Ansehung aller Vorstellungen, betrifft, sofern diese der Einheit der Apperzeption gemäß a priori in einem Begriff zusammenhängen sollten.[272]

Wie aus den letzten Zeilen ersichtlich ist – und das wurde ja oben bereits kurz angedeutet –, schließt das, was Kant hier zum Schema

---

[271] KrV, A 140/B 180.
[272] KrV, A 141f./B 180f.

der reinen Verstandesbegriffe sagt, unmittelbar an die Aufgabe der transzendentalen Kategorien-Deduktion an.

Gehen wir also die drei Arten der Schemata durch. Das, worauf diese Analysen hinauslaufen, ist die Bestimmung des dritten, also des *transzendentalen Schemas*.[273]

1.) Zunächst muss betont werden, dass das *empirische Schema nicht*, wie der Text nahezulegen scheint, einfach mit einem „Bild" gleichgesetzt werden kann. Sowohl das Schema als auch das Bild sind zunächst einmal, ganz allgemein gesagt, ein *Produkt der Einbildungskraft*. Was bewerkstelligt genau das Vermögen der Einbildungskraft? Hierüber hat die Kategorien-Deduktion bereits Aufschluss gegeben. Die Hauptfunktion der Einbildungskraft besteht darin, *figürliche* Vorstellungen hervorzubringen. Das ist aber natürlich nur eine relativ vage Bestimmung. Um hier klarer zu sehen, muss man mit Kant zunächst noch einmal die Unterscheidung zwischen *reproduktiver* und *produktiver* Einbildungskraft in Betracht ziehen.

Wie insbesondere aus der A-Deduktion deutlich wurde, hat die *reproduktive Einbildungskraft* zwei Funktionen. Zum einen reproduziert sie innerhalb eines *dauernden* Wahrnehmungsprozesses frühere Wahrnehmungen und setzt diese mit der Vorstellung des aktuell Wahrgenommenen zusammen (siehe die „Synthesis der Reproduktion in der Einbildung"). Zum anderen bringt sie das Mannigfaltige der Anschauung in ein *Bild*[274] – was der „Synthesis der Apprehension in der Anschauung" entspricht. Die *produktive Einbildungskraft* ist ebenfalls zweigeteilt. Kant unterscheidet zwischen der *empirischen* produktiven Einbildungskraft und der *reinen* produktiven Einbildungskraft. Die empirische produktive Einbildungskraft produziert aus empirischen Sinnesdaten eine Vorstellung, die so in der Erfahrung noch nicht anzutreffen war (zum Beispiel einen Zentauren – ein Wesen halb-Pferd, halb-Mann). Die reine produktive Einbildungskraft produziert etwas aus den reinen Anschauungen des Raums und der Zeit. *Was* sie genau produziert, werden wir gleich sehen.

Worin besteht nun also der Unterschied zwischen dem „Schema" und einem „Bild"? Das Bild ist je Bild einer *einzelnen Anschauung*, was für das Schema *nicht* zutrifft. Was ist dann ein Schema?

---

[273] Vgl. Gerhard Seels Ausführungen in seinem Kommentar des Schematismus in: *Kritik der reinen Vernunft – Klassiker Auslegen, op. cit.*, S. 232ff.
[274] KrV, A 120.

Ein Schema (im kantischen Sinne) ist keine unmittelbare Anschauung, sondern die Vorstellung einer *Methode, einem Begriff sein Bild zu verschaffen*.[275] Nehmen wir ein Beispiel. Kant unterscheidet ein mögliches Bild der Zahl fünf von ihrem Schema. Ein *Bild* davon könnte zum Beispiel in fünf Punkten bestehen (sie können dabei eine Reihe bilden oder wie auf einem Würfel angeordnet sein). Das *Schema* der Zahl fünf ist dagegen die Methode des wiederholten Setzens einer Einheit – im vorliegenden Fall: das *fünfmalige* Setzen dieser Einheit. Halten wir also fest: *Das Schema ist die Methode, einem Begriff sein Bild zu verschaffen.*

Das ist allerdings nicht die *allgemeingültige* Bestimmung des Schemas. Kant führt diese Kennzeichnung ein, um, wie gesagt, das Schema vom Bild zu unterscheiden. Sie gilt aber nur für die ersten beiden Arten von Schemata, also für die empirischen Schemata und die Schemata der „reinen sinnlichen Begriffe". Erläutern wir zunächst diese ersten beiden Schemata-Arten näher.

Zunächst das Schema eines *empirischen Begriffs*: Das Schema ist hier die Vorstellung der Methode, einem *empirischen* Begriff ein Bild zu verschaffen. Beispiel: Denken wir uns einen Hund. Das Schema ist dann die Regel, nach der die Anschauung eines gegebenen Hundes bestimmt werden kann, und zwar so, dass sich diese Bestimmung dem (allgemeinen) Begriff des Hundes gemäß vollzieht. Kant erläutert das so: „Der Begriff[276] vom Hunde bedeutet eine Regel, nach welcher meine Einbildungskraft die Gestalt eines vierfüßigen Tieres allgemein verzeichnen kann, ohne auf irgend eine einzige besondere Gestalt, die mir die Erfahrung darbietet, oder auch ein jedes mögliche Bild, was ich in concreto darstellen kann, eingeschränkt zu sein."[277] Das empirische Schema muss also als eine durch die Einbildungskraft gebildete Skizze oder Silhouette aufgefasst werden, welche die Anpassung des empirischen Begriffs an ein Bild bzw. an eine einzelne Anschauung des in diesem Begriff gedachten Gegenstands ermöglicht.

---

[275] KrV, A 140/B 179f.

[276] Kant schreibt an dieser Stelle „Begriff", aber es ist aus dem Kontext klar, dass hier ein „Schema" gemeint ist. Das Schema ist also grundlegend mit dem Begriff verwandt. Die von Kant selbst gegebene Bestimmung des Schemas als „sinnlicher Bedingung" ist demnach irreführend, weil sie nicht für alle Arten der Schemata zutrifft.

[277] KrV, A 141/B 180.

2.) Nun zum Schema der *reinen sinnlichen Begriffe*: Unter einem „reinen sinnlichen Begriff" versteht Kant offensichtlich ausschließlich die Begriffe *mathematischer* Entitäten, also die arithmetischen und geometrischen Begriffe (mehr Angaben dazu finden wir im Text nicht). Hierzu merkt Kant an, sich auf ein geometrisches Beispiel stützend, dass einem solchen Begriff „gar kein Bild [...] jemals adäquat sein" kann. Die Vielfältigkeit eines Dreiecks, die im Begriff des Dreiecks je mitgedacht wird, geht weit über das hinaus, was in einem Bild desselben zum Ausdruck kommt, welches immer nur ein bestimmtes Dreieck – also ein rechtwinkliges, schiefwinkliges usw. – zur Darstellung bringen kann. Daher ist auch hier wieder ein Schema vonnöten, das die Regel für die Produktion reiner Figuren im Raume liefert.

Für diese ersten beiden Arten von Schemata spielt also ganz offensichtlich der Bezug zum Bild eine sehr wichtige Rolle. Sie haben mit Bildlichkeit zu tun, reduzieren sich aber nicht auf eine solche – denn wir haben ja gesehen, dass sie die Methode darstellen, einem Begriff zu einem Bild zu verhelfen, das je nur eine Einzelanschauung in sich fassen kann. Die Frage, die sich dann stellt (der Kant selbst aber keine Beachtung schenkt), ist die, in welchem Verhältnis die jeweiligen Bilder zu den Anschauungen (in denen ja der *Gegenstand* gegeben wird) stehen. Oder anders gefragt: Wie steht die Bildlichkeit zur Gegenständlichkeit? Wenn das Schema dem Begriff ein Bild liefert, es hier aber um die Anwendung der Kategorien auf Anschauungen geht, wird damit nicht insinuiert, dass alle Anschauungen einen bildlichen Charakter haben? Und wird damit letztlich nicht gesagt, dass die Objekte unserer Erkenntnisse Bilder sind?[278]

3.) Ganz anders stellt es sich nun für das *transzendentale Schema* dar, auf welches es Kant vornehmlich ankommt. Für dieses gilt nämlich, dass es „in gar kein Bild gebracht werden kann".[279] Das liegt daran, dass dessen eigentliche Funktion darin besteht, ver-

---

[278] Vgl. E. Fink, *Epilegomena zu Immanuel Kants* Kritik der reinen Vernunft. *Ein phänomenologischer Kommentar* (1962–1971), Eugen Fink Gesamtausgabe, Band 13/1, Guy van Kerckhoven (Hsg.), Freiburg/München, Karl Alber Verlag, 2011, S. 287: „Der Ausdruck ‚Bild' wird bei Kant [...] als Anschauung bzw. Angeschautes überhaupt gebraucht."

[279] KrV, A 142/B 181.

ständlich zu machen, wie der Bezug auf den *transzendentalen* Gegenstand = X möglich ist.[280] Dafür sind dann die hier in Anschlag zu bringenden Verhältnisse völlig andere als in den ersten beiden Fällen. Folgende illustrierende Darstellung mag das veranschaulichen:

Empirischer Begriff –> empirisches Schema –> Anschauung qua Bild
Reiner sinnlicher Begriff –> Schema des reinen sinnlichen Begriffs –> mathematische Entität qua Bild
Kategorie –> transzendentales Schema –> X (kein Bild)

Die Kategorien müssen mithilfe eines transzendentalen Schemas „versinnlicht", genauer: „verzeitlicht" werden (und zwar selbstverständlich *a priori*, da sie ja selbst nicht empirisch sind). Diese Versinnlichung macht sowohl eine *Eröffnung* als auch eine *Einschränkung* aus. Sie *präzisiert* die Möglichkeit des Bezugs auf den Gegenstand, indem sie zeigt, wie dieser Bezug nicht nur *überhaupt* (wie das im Deduktions-Kapitel aufgezeigt wurde) gewährleistet werden kann, sondern wie er sich *speziell für jede einzelne* Kategorie darstellt. Und diese Versinnlichung stellt zugleich auch eine Bedingung für die *Restriktion* des rechtmäßigen Gebrauchs der Kategorien auf sinnliche Erscheinungen dar.

Zur genaueren Charakterisierung der transzendentalen Schemata muss folgender Satz herangezogen werden:

Die [transzendentalen] Schemat[a] sind [...] nichts als *Zeitbestimmungen* a priori nach Regeln, und diese gehen, nach der Ordnung der Kategorien,

---

[280] Hierin liegt die Hauptbegründung für die These, dass mit den transzendentalen Schemata die Aufgabe der Kategorien-Deduktion zu Ende geführt wird. Bemerkenswerterweise wird das erst in der nach dem Schematismus-Kapitel entstandenen B-Deduktion völlig einsichtig. Im § 24 der B-Deduktion wird ja dargelegt, wie die Einbildungskraft den transzendentalen Rahmen dafür liefert, die Kategorien an den inneren Sinn gleichsam „anzupassen". Kant hebt nun hervor, dass es gerade die Aufgabe der Schemata sei, für „Einheit in der Bestimmung der Sinnlichkeit" zu sorgen (A 140/B 179). Vor allem aber liegt die Aufgabe der *transzendentalen* Schemata darin, jenen Rahmen für die Kategorien im Einzelnen zu spezifizieren.

auf die *Zeitreihe*, den *Zeitinhalt*, die *Zeitordnung*, endlich den *Zeitinbegriff* in Ansehung aller möglichen Gegenstände.[281]

Die transzendentalen Schemata sind also Zeitbestimmungen a priori. Mit „Zeitbestimmung" ist nicht gemeint, dass die *Zeit* durch das Schema bestimmt würde, sondern dass die Kategorien durch das Schema verzeitlicht werden. Kant wird sogar betonen, dass die fundamentale Funktion der transzendentalen Schemata darin besteht, den Kategorien Bedeutung zu verschaffen. Damit wird zum Ausdruck gebracht, dass das, was bezüglich der Apperzeption in der A-Deduktion so stark betont wurde, auch für die Kategorien selbst gilt: Was die Apperzeption für die Herstellung des Bezugs zum transzendentalen Gegenstand = X leistete, wird hier durch jedes einzelnes Schema bewerkstelligt.

Wie sind die transzendentalen Schemata zu verstehen und auszulegen? Nach Eugen Finks Interpretation handelt es sich dabei um „Grundverhältnisse" oder „Grundweisen des In-der-Zeit-Seins"[282] – also zum Beispiel um das Dauern in der Zeit, das Zugleichsein oder Wechseln in der Zeit, das Aufblitzen in der Zeit usw. Fink erläutert das so:

Der apriorische Entwurf als Bedingung der Möglichkeit der Erfahrung und der Gegenstände der Erfahrung erstreckt sich nicht nur auf die Formen, in denen die Erscheinungen als Dinge strukturiert sind, sondern ebenso sehr darauf, wie die kategorial vorverstandenen Dinge auf bestimmte Weisen des In-der-Zeit-Seins angelegt sind. Die *Zeit selbst* muss in sich die Verhältnisse von Zeitfolgen und Gleichzeitigkeit offenhalten, damit das bestimmte Einzelne in die Zeitverhältnisse eintreten kann.[283]

Nota bene: Finks Auslegung ist eine *phänomenologische*: Husserls und Heideggers berühmter Schüler schreibt der Zeit hier eine grundlegende – in gewisser Weise aktiv-tätige – Rolle zu, die ihr Kant so nicht ausdrücklich zuerkannt hatte. Gleichwohl ist eine solche Lesart in Kants Text angelegt, sodass man sie auch zumindest implizit von ihm ausgehend rechtfertigen kann.

---

[281] KrV, A 145/B 184f.
[282] E. Fink, *Epilegomena zu Immanuel Kants* Kritik der reinen Vernunft, S. 273 (siehe den Anhang II).
[283] Ebd. (hervorgehoben v. Vf.).

Kommen wir nun zur konkreten Ausgestaltung. Worin bestehen genau die transzendentalen Schemata?

1.) Quantität: Das Schema der Größe ist die *Zahl* (im Sinne der *Zählzahl*, nicht der Anzahl als gezählter Zahl). Kant präzisiert: Die Zahl ist „nichts anderes, als die Einheit der Synthesis des Mannigfaltigen einer gleichartigen Anschauung überhaupt, dadurch, dass ich *die Zeit selbst in der Apprehension der Anschauung erzeuge*."[284] Mit „Erzeugen" ist nicht das *Hervorbringen* der Zeit gemeint, sondern der Sachverhalt, dass bestimmt wird, „wie groß" sozusagen das In-der-Zeit-Sein eines Zeithaften ist.[285]

2.) Qualität: Das Schema der Realität ist die *erfüllte Zeit*.
Das Schema der Negation ist die *leere Zeit*.

Martin Bunte hat einen Vorschlag gemacht, auch für die Limitation ein Schema aufzustellen:

„Aus der Synthese des Schemas der Realität und der Negation ließe sich […] ein Limitationsschema bilden. Die unbestimmte Zeit würde dabei eingeschränkt, ihr Umfang bliebe jedoch derselbe. Dieses hypothetische Zeitschema einer umschließenden Zeit entspräche damit der Bestimmung Kants für die unendlichen Urteile.

A   B

Hypothetisches Schema der Limitation

Dieses Schema kann gedeutet werden als das ‚*Nie-zu-einer-Zeit-Sein*'."[286]

Für Fink übergeht Kant die Erörterung des dritten Schemas der Qualität, „weil der Verstandesbegriff der Limitation bereits eine Mehrheit von Erscheinungen im Zusammenhang denkt".[287]

---

[284] KrV, A 142f./B 182 (hervorgehoben v. Vf.).
[285] Siehe E. Fink, *Epilegomena zu Immanuel Kants* Kritik der reinen Vernunft, S. 290.
[286] M. Bunte, *Erkenntnis und Funktion. Zur Vollständigkeit der Urteilstafel und Einheit des kantischen Systems*, op. cit., S. 65f.
[287] E. Fink, *Epilegomena zu Immanuel Kants* Kritik der reinen Vernunft, S. 299.

Die diesen ersten transzendentalen Schemata zugrundeliegenden Kategorien der Quantität und Qualität nennt Kant „*mathematische*" Kategorien, die folgenden der Relation und der Modalität „*dynamische*" Kategorien. Jene richten sich auf Gegenstände der Anschauung, diese auf die Existenz der Gegenstände. Heidegger erläutert den Grund für diese Unterscheidung treffend so:

Die Bezeichnung für die beiden Klassen [...] wird [...] deutlich, wenn wir daran erinnern, dass das Mathematische in der Neuzeit – aber schon in der Antike bei Plato – als das hervorragende Beispiel des Apriorischen galt, d. h. desjenigen, was nicht das jeweilige tatsächliche Vorhandensein dieses oder jenes Dinges angeht, sondern das, was zu seinem Wesen, seinem Wasgehalt gehört, mag es nun vorhanden sein oder nicht. Das Vorhandene dagegen in seinem Vorhandensein, das Wirkliche, steht in einem Wirkungszusammenhang, in einem Kräfteverhältnis; „dynamisch" ist nur ein anderer Ausdruck für: vorkommend in einem Wirklichkeits- und Kausalzusammenhang. Dynamische Kategorien sind die Kategorien des Daseins [...]. Die Kategorien der Quantität und Qualität sind Kategorien des Wesens und betreffen den Wasgehalt, die *essentia*; die Kategorien der Relation und Modalität betreffen als dynamische die *existentia*. „Natur" ist dasjenige, was das Dasein, die *existentia* der Dinge charakterisiert; so darf Kant denn sagen: „Relation und Modalität gehören zur Naturbetrachtung der Wesen, Quantität und Qualität zur Wesenslehre" (Reflexionen II, S. 605).[288]

Für die Schemata ist aber folgender Punkt maßgeblich: In den dynamischen Kategorien ist eine Notwendigkeit enthalten (bzw. mitgedacht), die nicht empirisch erfahrbar ist (zum Beispiel: Kein Kausalitätsverhältnis lässt sich der sinnlichen Erfahrung entnehmen – diese gibt immer nur ein faktisches zeitliches Aufeinanderfolgen von B auf A, niemals aber, dass B notwendig [und kausal] auf A folgt). Die dynamischen Kategorien müssen daher mit einem Schema verknüpft werden, um die Notwendigkeit hineinzubringen und die Möglichkeit der Erfahrung zu sichern. Das gilt für die mathematischen Kategorien nicht, weswegen der Schematismus bei ihnen etwas anders geartet ist als bei den dynamischen Kategorien (wo er einsichtiger zu sein scheint).

3.) Das Schema der Substanz ist die *Beharrlichkeit* des Realen in der Zeit.

Das Schema der Kausalität ist die *Aufeinanderfolge* in der Zeit.

---

[288] M. Heidegger, *Phänomenologische Interpretation von Kants* Kritik der reinen Vernunft, S. 300.

Das Schema der Wechselwirkung ist die *Gleichzeitigkeit*.
4.) Das Schema der Möglichkeit ist das Dasein zu einer *beliebigen* Zeit.
Das Schema der Wirklichkeit ist das Dasein in einer *bestimmten* Zeit.
Das Schema der Notwendigkeit ist das Dasein zu *aller* Zeit.

Soweit also die von Kant vorgestellten neun Schemata. Ein Satz (der bereits zitiert wurde) muss aber noch erklärt werden: „Die [transzendentalen] Schemat[a] [...] gehen, nach der Ordnung der Kategorien, auf die *Zeitreihe*, den *Zeitinhalt*, die *Zeitordnung*, endlich den *Zeitinbegriff* in Ansehung aller möglichen Gegenstände."[289]

Mit der „Zeitreihe" wird das Reihenhafte, Sukzessive und Extensive der Zeit gedacht. Der „Zeitinhalt" bedeutet die erfüllte Zeit im Gegensatz zur leeren Zeit; er hat eine variierende Realitätsfülle oder Intensität. Die „Zeitordnung" bezeichnet nicht die Ordnung *der* Zeit, sondern die Ordnung der Erscheinungen *in* der Zeit. Und der „Zeitinbegriff" ist nicht die begriffliche Quintessenz der Zeit, sondern die Zeitinbegriffenheit bzw. Zeiteinbegreifung, das alles Erscheinende zeitlich Umfassende, die einbegreifende und vorausliegende zeitliche Ganzheit aller Erscheinungen.[290] Fink fasst das so zusammen:

Die vier *Schemata* als die vierfache Form der transzendentalen Zeitbestimmung zusammenfassend, können wir, indem wir beim Schema der Modalität [also in umgekehrter Reihenfolge] beginnen, sagen: Die Zeit umgreift das Sein aller Erscheinungen; sie regelt durch die bestimmte Struktur der Verkettung alles in ihr erscheinende Seiende; sie ist das, was durch das Binnenzeitliche gefüllt wird, was sich einer Füllung durch Innerzeitliches öffnet; sie ist schließlich dasjenige, was dem sie Füllenden eine bestimmte Erstreckung zulässt.[291]

---

[289] KrV, A 145/B 184f.
[290] Zu einer näheren Bestimmung dieser vier Begriffe, siehe Anhang II.
[291] E. Fink, *Epilegomena zu Immanuel Kants* Kritik der reinen Vernunft, S. 317. Vgl. auch den unmittelbar daran anschließenden, sehr lesenswerten Absatz, ebd., S. 317f.

Anhang I: Der transzendentale Schematismus

Zur Veranschaulichung der Schemata stützt man sich am besten auf Buntes Darstellung:[292]

Titel	Kategorie — *Schema*	Schematismus
Quantität	Einheit, Vielheit, Allheit – *Zahl* ──┼────┼────┼──▶ A B C	Zeitreihe
Qualität	Realität – *Erfüllte Zeit* ──▨▨▨▨▨▨▨▨▨▨──▶ A B Negation – *Leere Zeit* ──┼──────────┼──▶ A B Limitation – *Umschließende Zeit* ▨▨▨┼──────▨▨▨▨──▶ A B	Zeitinhalt
Relation	Substanz – *Persistenz* ──┼────┼────┼──▶ A A A Kausalität – *Sukzession* ──┼──▶─┼──▶─┼──▶ A B C Wechselwirkung – *Synchronizität* ──────┼──────▶ A ∧ B	Zeitordnung
Modalität	Möglichkeit – *Beliebige Zeit* X ──────┼──────▶ Wirklichkeit – *Bestimmte Zeit* ──────┼──────▶ A Notwendigkeit – *Jede Zeit* ──────┼──────▶ …n…	Zeitinbegriff

---

[292] M. Bunte, *Erkenntnis und Funktion*, S. 336.

Fassen wir also zusammen: Die drei Arten der Schemata haben gemein, dass sie einer *Methode der Hervorbringung von etwas* entsprechen. Bei der Spezifizierung des sachhaltigen Inhalts dieses „Etwas" treten dann die Unterschiede zwischen diesen Arten hervor. In den ersten beiden Schemata-Arten dient diese Schematisierungsmethode dazu, den jeweiligen Begriffen ein Bild zu verschaffen. Im Falle des transzendentalen Schemas dagegen wird kein Bild generiert. Hier geht es vielmehr darum darzulegen, wie die Kategorien durch Zeitbestimmungen so differenziert werden können, dass dadurch der Bezug auf den in sinnlicher Anschauung gegebenen Gegenstand den einzelnen Kategorien entsprechend hergestellt werden kann. Dabei erweist sich zudem, dass das Schema (qua besagter Methode[n]) in den ersten beiden Fällen eine *nicht-sinnliche* Bedingung, im letzten Fall dagegen eine *sinnliche* (freilich reine) Bedingung ausmacht.

Diese Ausführungen sollen mit zwei Bemerkungen abgeschlossen werden.

Nota bene 1: Angesichts der letzten fünf Sätze des Schematismus-Kapitels[293] stellt sich die Frage, ob in der Kategorien-Tafel im § 10 der *Kritik der reinen Vernunft* schematisierte oder nicht-schematisierte Kategorien zur Darstellung kamen. Die Antwort scheint recht eindeutig zu sein: Wenn nach der metaphysischen Deduktion eine transzendentale Deduktion der Kategorien notwendig ist, dann bedeutet das, dass die Kategorien in der Tat schon schematisiert sind,

---

[293] „In der Tat bleibt den reinen Verstandesbegriffen allerdings, auch nach Absonderung aller sinnlichen Bedingung, eine, aber nur logische Bedeutung der bloßen Einheit der Vorstellungen, denen aber kein Gegenstand, mithin auch keine Bedeutung gegeben wird, die einen Begriff vom Objekt abgeben könnte. So würde z. B. Substanz, wenn man die sinnliche Bestimmung der Beharrlichkeit wegließe, nichts weiter als ein Etwas bedeuten, das als Subjekt (ohne ein Prädikat von etwas anderem zu sein) gedacht werden kann. Aus dieser Vorstellung kann ich nun nichts machen, indem sie mir gar nicht anzeigt, welche Bestimmungen das Ding hat, welches als ein solches erstes Subjekt gelten soll. Also sind die Kategorien, ohne Schemata, nur Funktionen des Verstandes zu Begriffen, stellen aber keinen Gegenstand vor. Diese Bedeutung kommt ihnen von der Sinnlichkeit, die den Verstand realisiert, indem sie ihn zugleich restringiert", KrV, A147/B 186f.

dass aber die Rechtmäßigkeit dieser Schematisierung noch zu erweisen ist. „Schematisierung" heißt: Den Nachweis liefern, dass die Kategorie auf einen Gegenstand der Anschauung angewendet werden kann. Mit der Deduktion und dem Schematismus wird genau das erwiesen. Also sind die Kategorien in der Kategorientafel in der Tat schematisierte Kategorien (q. e. d.). Damit wird auch deutlich gemacht, worin der Unterschied zwischen den „Verstandesfunktionen" und den „Kategorien" besteht: erstere sind nicht schematisierte Kategorien, letztere sind – wenn nichts Gegenteiliges hinzugefügt wird – in der Tat schematisiert.

Nota bene 2: Einer der Hauptkritikpunkte, die in der Forschungsliteratur gegen Kants Schematismus-Kapitel hervorgebracht werden, äußert sich – wie G. Seel zurecht hervorgehoben hat[294] – in der Auffassung, dass die Möglichkeit des Bezugs von Schemata und Kategorien auf synthetischen Sätzen a priori beruhen müsse und dass Kant diese nicht entwickelt habe.[295] Man verlangt bisweilen sogar, dass Kant hierfür eine transzendentale Deduktion hätte konzipieren müssen. „Dazu sei bemerkt", entgegnet G. Seel treffend, „dass der § 26 der *B-Deduktion* – zwar nicht für jede einzelne Kategorie, aber doch im allgemeinen, eine solche Rechtfertigung zu liefern beansprucht."[296]

---

[294] G. Seel, *Kritik der reinen Vernunft – Klassiker Auslegen*, op. cit., S. 245f.
[295] Stellvertretend hierfür: H. E. Allison, *Kant's Transcendental Idealism. An Interpretation and Defense*, New Haven/London, 1983, S. 186–188.
[296] G. Seel, *Kritik der reinen Vernunft – Klassiker Auslegen*, op. cit., S. 246.

Anhang II: Finks Auslegung von Kants Schematismus-Kapitel

Finks in der Vorlesung des Wintersemesters 1963/64 vorgetragene phänomenologische Auslegung des Kapitels, das „Von dem Schematismus der reinen Verstandesbegriffe" in Kants *Kritik der reinen Vernunft* handelt, stellt einen bedeutenden Beitrag dazu dar, wie das Verhältnis von Sein und Zeit phänomenologisch gedacht werden kann. Fink stellt darin den grundlegenden Bezug von Zeit, Einbildung und Ich heraus. Es lohnt sich daher, seiner eng an Kants Text angelegten Lektüre des Kapitels, das Heidegger als das „Kernstück"[297] der *Kritik der reinen Vernunft* angesehen hatte, zu folgen.

Um Finks Interpretation des Schematismus-Kapitels – die in Anhang I nur sehr bruchstückhaft zur Sprache kam – ins rechte Licht rücken zu können, muss zunächst auf die einsichtsvolle Art eingegangen werden, wie Fink das „Auszeichnende der Transzendentalphilosophie" Kants überhaupt auffasst. In dieser geht es ganz allgemein formuliert um die Möglichkeit eines „reinen" Bezugs auf Gegenstände durch und mittels unserer Vorstellungen. Hierfür kann auch der Begriff der „Subsumtion" verwendet werden: Es geht darum darzulegen, wie Gegenstände, bzw. Vorstellungen derselben, legitimer Weise unter reine Vorstellungen „subsumiert" (also „rubriziert" oder untergeordnet) werden können. Dafür bedarf es einer *Regel*. Im empirischen Denken besteht die Regel in Begriffen des Allgemeinen. Die *Erfahrung* gibt die Einzelfälle vor, die für die entsprechenden Subsumtionen in Frage kommen. In der Transzendentalphilosophie dagegen werden nicht nur die reinen Regeln a priori, im Lichte derer die Subsumtion erfolgen kann, sondern auch der *Fall* ihrer Anwendung vorgegeben. In ihr werden also nicht bloß jene Unterordnungen vollzogen, sondern *immer schon die Fälle und die reinen Subsumtionsverhältnisse* VORAUSGEDACHT! Diese reinen Subsumtionsverhältnisse, so lautet Kants These im Schematismus-Kapitel, finden in der reinen Anschauung der Zeit statt:

---

[297] M. Heidegger, *Phänomenologische Interpretation von Kants* Kritik der reinen Vernunft, S. 194, 287, 386, 429.

Indem die Transzendentalphilosophie die Kategorien mit jenen reinen Verhältnissen in der reinen Anschauung verbindet, sichert sie den Bereich, auf den die Kategorien angewandt werden können, sofern wirkliche Erkenntnis zustande kommen soll. Dieser Bereich wird durch die Grundweisen des sinnlichen Erscheinens gebildet. *Die transzendentale Urteilskraft ist also diejenige, die a priori den Anwendungsbereich der Kategorien auf die Grundverhältnisse des sinnlichen Erscheinens vorgibt.*[298]

Damit ist gemeint, dass der Schematismus sich zwar auf die in der transzendentalen Ästhetik zur Darstellung gebrachte Sinnlichkeit *bezieht*, dieser „Anwendungsbereich" hier aber auf eine neue Weise spezifiziert wird. Diese Spezifikation besteht darin, dass die genauen (transzendentalen) *Bedingungen*, unter denen die Gegenstände der Erfahrung in Übereinstimmung mit den Kategorien gegeben werden, ausdrücklich herausgestellt werden. Hiermit werden also Funktion und Tragweite des Schematismus unzweideutig bestimmt: Es geht um die sinnlichen aber apriorischen Bedingungen für den Gebrauch der Kategorien.

Fink geht auf die unterschiedlichen Probleme, welche die Subsumtion bezüglich des Ursprungs, des Inhalts usw. der Vorstellungen stellt, nicht weiter ein, sondern lenkt die Aufmerksamkeit unmittelbar auf die Frage, wie das „Dritte" beschaffen sein muss, damit die Subsumtion im Falle des Verhältnisses von Kategorie und Erscheinung – also im Falle dessen, was Kant dann das „transzendentale Schema" nennen wird – möglich ist. Und die Antwort lautet bekanntermaßen: Die gesuchten transzendentalen Schemata sind nichts anderes als „transzendentale Zeitbestimmungen". Interessant und bemerkenswert ist, wie Fink diese auslegt.

Zunächst eine Vorbemerkung: Unter „transzendentaler Zeitbestimmung" darf bekanntlich nicht verstanden werden, dass dadurch die *Zeit selbst* bestimmt würde. Die Schemata sind keine transzendentalen Eigenschaften der Zeit. Es handelt sich vielmehr um eine zeitliche Bestimmung, die Kant als „transzendental" kennzeichnet – aber eine zeitliche Bestimmung *wovon*? Antwort: Von der Art, wie Gegenstände überhaupt in der Zeit sind bzw. sein können. „Transzendental" meint dabei: die Art betreffend, wie darin der *reine* Bezug auf Gegenstände möglich ist. Dieses In-der-Zeit-Sein hat somit nichts mit Empirie und Erfahrung zu tun – dies ist wichtig, da das

---

[298] *Epilegomena*, S. 265 (hervorgehoben v. Vf.).

Anhang II: Finks Auslegung von Kants Schematismus-Kapitel 157

„Verzeitlichen" bei Kant prinzipiell stets den Bezug zu eben dieser Empirie herstellt. Hier geht es ausschließlich darum, jene Bestimmungen „im Medium der Zeit" zu denken. Fink schreibt dazu ausdrücklich: „[D]as In-der-Zeit-Sein wird a priori gedacht."[299]

Seine Hauptthese lautet nun: Die Anwendung der Kategorien auf die Erscheinungen kann nur dadurch vollbracht werden, „dass wir die Kategorien als die Gegenstandsformen der Gegenstände *auf bestimmte Weisen des In-der-Zeit-Seins beziehen und sie temporalisieren*".[300] Dadurch werde das „Sachproblem"[301] gelöst, wie durch den Bezug der Kategorien auf apriorische Formen der reinen Anschauung Erfahrung allererst ermöglicht wird. Diese Hauptthese wird durch mehrere Argumente gestützt.

Fink schreibt zunächst:

Das Neuartige in dem Problem des Schematismus gegenüber den vorhergehenden Abschnitten der *Kritik der reinen Vernunft* besteht nicht darin, dass die reinen Verstandesbegriffe und die reine Anschauung als Zeit verbunden werden, sondern darin, dass diese Verbindung als transzendentale Zeitbestimmung, als Bestimmung von Zeitverhältnissen entwickelt wird. Die Temporalisierung der Kategorien meint nicht nur die Beziehung der Verstandesbegriffe auf die Zeit, sondern auf das In-der-Zeit-Sein der Gegenstände der Erfahrung.[302]

Unter „Temporalisierung der Kategorien" – die mit deren „Schematismus" gleichgesetzt wird – versteht Fink die Weise, „wie Zeithaftes in der Zeit ist".[303] Sein Hauptargument, das die Funktion der transzendentalen Schemata eindrucksvoll erläutert, besteht also in der *Parallelisierung* ihrer Rolle mit jener der Kategorien. So wie es ein apriorisches Im-Voraus-Strukturieren der Gegenständlichkeit durch die Kategorien gibt, gibt es auch ein solches der Grundweisen des In-der-Zeit-Seins der Gegenstände durch die transzendentalen Schemata:

Der apriorische Entwurf als Bedingung der Möglichkeit der Erfahrung und der Gegenstände der Erfahrung erstreckt sich nicht nur auf die Formen, in

---

[299] *Epilegomena*, S. 268.
[300] *Epilegomena*, S. 275 (hervorgehoben v. Vf.).
[301] *Epilegomena*, S. 269.
[302] *Epilegomena*, S. 274.
[303] *Epilegomena*, S. 277.

denen die Erscheinungen als Dinge strukturiert sind, sondern ebenso sehr darauf, wie die kategorial vorverstandenen Dinge auf bestimmte Weisen des In-der-Zeit-Seins angelegt sind.[304]

Die Rolle der Zeit wird zudem dadurch betont – und damit schließt Fink wieder an die übliche Rolle der Verzeitlichung bei Kant an –, dass die Zeit alles Empirische „durchdringe" und „unterlaufe"; jedes Empirische sei in das „,Wasser' des Zeitflusses getaucht" und erweise sich somit als „konkreter als alles Konkrete".[305]

Dabei tritt ein wechselseitiges Verhältnis hervor, das Fink als das der „Versinnlichung" der reinen Verstandesbegriffe und der „Verbegrifflichung" der Zeit bezeichnet. Und „dieses „Zusammenspiel von Kategorien und reiner Sinnlichkeit" wird dann eben „in den reinen Zeitbestimmungen, den transzendentalen *Schemata*, thematisch gemacht".[306]

Fink führt in diesem Zusammenhang schließlich noch einen letzten Begriff ein – den der „Zeitdinglichkeit".[307] Husserl hat in seinen *Zeitvorlesungen* (die Heidegger 1928 herausgegeben hatte) zwischen „zeitlichen Objekten" und „Zeitobjekten"[308] unterschieden. Während erstere Objekte *in* der Zeit bezeichnen (in ihnen aber genauso gut auch von jeglichem zeitlichen Bezug abstrahiert werden kann), haben letztere die Zeit(extension) gleichsam wesenhaft „in" sich. „Zeitobjekte" sind die Zeit *als* genuine „Gegenstände" verstanden. Wenn Fink hier nun von „Zeitdinglichkeit" spricht, die den Schematismus betrifft, dann handelt es sich gleichsam um eine Zwischenstufe. Die Zeitdinglichkeit ist keine reine Zeitobjektität, denn sie strukturiert durchaus zeitliche Gegenstände. Aber sie fällt auch nicht mit diesen zusammen, sondern sie liefert den zeitlich-apriorischen Rahmen, damit die Gegenstände in ihrem In-der-Zeit-Sein begriffen werden können.

---

[304] *Epilegomena*, S. 273.
[305] *Epilegomena*, S. 274.
[306] *Epilegomena*, S. 273.
[307] *Epilegomena*, S. 274.
[308] Siehe E. Husserl, *Vorlesungen zur Phänomenologie des inneren Zeitbewusstseins, Husserliana X*, R. Boehm (Hsg.), Den Haag, M. Nijhoff, 1966, S. 22–23.

Anhang II: Finks Auslegung von Kants Schematismus-Kapitel 159

Bevor Fink sich nun an die Aufzählung und Erläuterung der transzendentalen Schemata macht, wendet er sich den anderen beiden, von Kant berücksichtigten Schemata-Arten zu (nämlich den Schemata „reiner sinnlicher Begriffe" und jenen „empirischer Begriffe"), die beide dadurch ausgezeichnet sind, dass sie „Produkt[e] der Einbildungskraft" sind. „Produkt" meint hier nicht Hervorbringung, sondern lediglich Erzeugung in dem eingeschränkten Sinne, dass das Schema „dem subjektiven Vermögen der Einbildungskraft zugeordnet ist".[309]

Zwar hat das Schema in diesen zwei Bedeutungen (also sowohl in Bezug auf die rein sinnlichen als auch auf die empirischen Begriffe) etwas mit dem „Bild" zu tun, vor allem geht es aber um das, was beide unterscheidet. Worin besteht dieser Unterschied zwischen Schema und Bild? Das Bild ist eine Anschauung, während das für das Schema nicht gilt:

Das Bild als Anschauung ist durch die Einzelnheit und Bestimmtheit, das Schema dagegen als das Vermittelnde zwischen Denken und Anschauung durch die Einheit im Sinne der Allgemeinheit in der Bestimmung der Sinnlichkeit gekennzeichnet.[310]

Dem Schema kommt somit im Gegensatz zum Bild, das eine Anschauung ist, eine „Mittelstellung" zwischen Anschauung und Begriff zu. Einerseits steht es gewissermaßen in der Nähe zum Allgemeinen, da die Anschauung durch es als *allgemeine eines allgemein Angeschauten* bestimmt wird (das im Anschauen durch das Schema Angeschaute ist ein Allgemeines); andererseits hat es aber auch eine Nähe zur Anschauung, da ja das, *was* hier bestimmt wird, eben die Anschauung (bzw. deren reine Form) ist.

Fink schließt hieraus für das Schema im Allgemeinen, dass es „im Kontrast zur Versinnlichung in einer einzelnen Anschauung [bzw. im Bild] als die allgemeine Versinnlichung bzw. als die Versinnlichung des Allgemeinen"[311] gekennzeichnet werden kann. An anderer Stelle wiederholt er das ganz ausdrücklich: „Das Schema ist

---

[309] *Epilegomena*, S. 277.
[310] *Epilegomena*, S. 278.
[311] *Epilegomena*, S. 283.

gleichsam die versinnlichte Allgemeinheit bzw. die allgemeine Versinnlichung, das Bild dagegen das angeschaute Einzelne, Bestimmte."[312]

In den beiden Schemata-Arten wird eine Methode vorgestellt, die jeweils eine Vorstellung in einem Bild ermöglicht. Im Fall der reinen sinnlichen Begriffe wird eine „Anweisung für <die> Veranschaulichung"[313] bzw. „Erzeugung"[314] gegeben. Im Fall der empirischen Begriffe ist das Schema „ein Mittleres zwischen dem bloßen Begriff und der anschaulichen Repräsentanz".[315] Fink erläutert Kants Beispiel des Schemas eines Hundes, indem er auf eine eigentümliche Zickzackbewegung verweist: „Gleichsam das Hin und Her zwischen der Vorstellung eines bestimmten Hundes und der Vorstellung der Allgemeinheit des Hundes überhaupt bewirkt das empirische Schema des Hundes."[316]

Der bereits in Anhang I herausgestellte Unterschied zwischen den transzendentalen Schemata und diesen beiden Schemata-Arten besteht darin, dass jene sich in keiner Weise in ein Bild überführen lassen. Die Kategorien verfügen über keine Bilder. Zu den transzendentalen Schemata sei noch einmal wiederholt:

Das Schema eines reinen Verstandesbegriffs ist die reine Synthesis der transzendentalen Einbildungskraft gemäß einer Regel der Einheit, die in der Kategorie gedacht ist, die sich auf die Zeit als die reine Form des inneren Sinnes erstreckt und verschiedene allgemeine Weisen des In-der-Zeit-Seins von innerzeitlichen Erscheinungen bestimmt. In den transzendentalen *Schemata* werden die allgemeinen Verstandesregeln innerhalb der apriorischen Sinnlichkeit zu Zeit*schemata* versinnlicht.[317]

Fink kommt nun zu der präzisen Bestimmung der einzelnen transzendentalen Schemata, das heißt der Weisen, wie das In-der-Zeit-Sein der einzelnen Kategorien konkret aufzufassen ist. Seine ausführlichen Erörterungen dazu (er widmet jeder der vier Kategoriengruppen eine eigene Vorlesung) liefern einen bedeutenden Beitrag zum Verständnis ihres genuinen Sachgehalts.

[312] *Epilegomena*, S. 287.
[313] *Epilegomena*, S. 280.
[314] *Epilegomena*, S. 282.
[315] Ebd.
[316] Ebd.
[317] *Epilegomena*, S. 285.

Kants Grundaussage zum transzendentalen Schema der Quantität (was es damit auf sich hat, dass es hier nur ein Schema gibt und nicht drei, darauf wird noch zurückzukommen sein) ist, dass das reine Schema der Größe (quantitatis) qua Kategorie die *Zahl* sei. Inwiefern hat die Zahl etwas mit dem In-der-Zeit-Sein der Quantität zu tun und warum spricht Kant überhaupt von der „Größe" und nicht von der „Quantität"?

Hierzu macht Fink eine wichtige Vorbemerkung. Kant sagt zunächst, dass Raum und Zeit jeweils ein „Bild"[318] der „Größen (quantorum)" des äußeren und des inneren Sinnes bzw. „für" dieselben (Ostpreußisch: „vor" denselben) seien. Wir haben hier also zwei Begriffe – den der „quantitas" und den der „quanta". „In dieser Differenz", so Fink, „liegt das eigentliche Problem des transzendentalen Schemas der Quantität."[319] Um diese Differenz zu erläutern, unterscheidet Fink genauer zwischen „quanta", „quantum" und „quantitas".

Das reine *quantum* des Raumes und der Zeit (oder auch: das „kontinuierliche Raum- und Zeitfeld") könne laut Fink als Bedingung der Möglichkeit der Raum- und Zeit*quanta* aufgefasst werden. Diese sind Raum- und Zeitgrößen, „Eingrenzungen in das Raum- und Zeitkontinuum [= Raum- und Zeit*quantum*], das selbst nicht begrenzt ist, aber die Ermöglichung für alle Raum- und Zeit*quanta* bildet."[320] Soweit also zu „quantum" und „quanta". Wie verhält sich die „quantitas" zu diesen Begriffen?

Die *quantitas* ist kein Allgemeinbegriff, der das Quantitätshafte von „quantum" und „quanta" enthielte, sondern

[m]it der *quantitas* meint Kant die Seinsweise des Großseins. Er geht damit von dem reinen *quantum* des Raumes und der Zeit, das die Bedingung der Möglichkeit für Raum- und Zeit*quanta* ist, über zu dem Problem des Im-

---

[318] Fink unterstreicht, dass dieser Begriff des „Bildes" nicht mit jenem verwechselt werden darf, der bei den Schemata der reinen sinnlichen und der empirischen Begriffe im Spiel ist. Er erläutert diesen Unterschied (mit Bezug auf den Raum) so: „Der Raum als das reine Bild aller Raum*quanta* ist nicht wie das empirische Bild ein einzelnes Angeschautes, sondern er ist die eine Anschauung für den äußeren Sinn, wobei ‚eine' so viel wie ‚einzige' besagt", *Epilegomena*, S. 287.
[319] Ebd.
[320] *Epilegomena*, S. 288.

Raume-Seins und des In-der-Zeit-Seins von Binnenräumlichem und Binnenzeitlichem.[321]

Die Erläuterung der „quantitas" als „Seinsweise des Großseins" macht das Herzstück der Bedeutungserklärung des transzendentalen Schemas der Quantität aus. Hierfür lassen sich drei Interpretationsthesen Finks ausmachen.

Erste These: Alles, was in der *Zeit* ist, muss eine Größe hinsichtlich des *In-der-Zeit-Seins* haben.[322] Und das wird dadurch gewährleistet, dass das transzendentale Schema des „Wiegroßseins" der Erscheinungen in der Zeit die „Bedingung der Möglichkeit für alle faktische empirische Bestimmung der Extensität der Erscheinungen in der Zeit"[323] ist. Dieses transzendentale Schema bezeichnet Kant als die „Zahl". Was ist aber unter dieser zu verstehen?

Die Zahl ist nicht die mathematische Entität „Zahl", sondern das „Zählen", also die „Zahloperation", qua *zeitlicher* Vorgang. Damit ist kein empirisches Zeitmessen gemeint, sondern das apriorische Verhältnis der Zeitbestimmung. In jener als Zählen verstandenen Zahl wird somit das Wiegroßsein von Etwas in der Weise des In-der-Zeit-Seins gedacht. Die zweite These hängt somit unmittelbar mit der ersten zusammen:

Zweite These: Die Zahl (qua Schema der „quantitas") gibt eine Anweisung für die Bestimmung des Wiegroßseins.

Die *quantitas* ist also nicht der Allgemeinbegriff für alle *quanta*, sondern in ihr wird das Wiegroßsein der in das reine *quantum* eingezeichneten *quanta* gedacht. Die *quantitas* als das Wiegroßsein als solches ist keine Bestimmung, die dem Raum oder der Zeit selbst zukommt, sondern ist eine kategoriale Struktur des Verstandes, deren reines Schema die Zahl ist.[324]

Wie erfolgt aber genau die Bestimmung des Wiegroßseins durch die Zahl? Das wird mit der dritten These beantwortet:

---

[321] Ebd.
[322] *Epilegomena*, S. 291.
[323] *Epilegomena*, S. 290.
[324] *Epilegomena*, S. 288.

Dritte These: Die Bestimmung des Wiegroßseins hinsichtlich des In-der-Zeit-Seins geschieht durch das *Erzeugen* der Zeit als *Begrenzen* derselben. Unter „Erzeugen der Zeit" wird kein „Erschaffen" oder „Hervorbringen" derselben verstanden:

Wenn Kant von der Erzeugung der Zeit in der Apprehension der Anschauung spricht, dann meint er nicht das Hervorbringen der Zeit überhaupt, sondern das Durchlaufen von Jetzten, wodurch eine Zeitweile als so und so groß bestimmt wird. Wir erzeugen die Zeit, nicht indem wir sie hervorbringen – denn das Hervorbringen wäre selbst ein zeitlicher Vorgang, der nur auf dem Grunde der Zeit möglich ist –, sondern indem wir das reine Mannigfaltige, die Jetzte synthetisieren und dadurch eine bestimmte Zeitstrecke begrenzen, ein In-der-Zeit-Sein eines Zeithaften in seinem Wiegroßsein bestimmen.[325]

Worauf es bei der apriorischen Bestimmung der Erscheinungen in Bezug auf die Quantität wesenhaft ankommt, ist also die „grundsätzliche Messbarkeit der räumlichen und zeitlichen Erstreckung der Erscheinungen in endlichen Größen bzw. auf das endliche Anlegen des Maßstabes".[326]

Zu der Frage, weshalb Kant nicht die Schemata von Einheit, Vielheit und Allheit entwickelt hat, sagt Fink so gut wie nichts. Er merkt lediglich an, dass Kant das Schema der Quantität nur auf dessen allgemeines Prinzip hin befragt hat und dass die „Erscheinungen [...] insgesamt jeweils eine mit *einer* bestimmten Größe" sind, „mit *vielen* anderen zusammen" vorkommen und „in ihrer Gesamtheit eine Einheit höherer Art, d. h. die *Allheit*"[327] bilden.

Kommen wir nun zum Schema der Qualität.

Hier wird nicht, wie das beim Schema der Quantität der Fall war, bloß das allgemeine Prinzip dargelegt; gleichwohl werden auch nicht alle Schemata der drei Kategorien der Qualität entwickelt. Kants Argumentation konzentriert sich auf die erste Kategorie der Qualität – also auf die „Realität". Das Schema der Negation leitet sich dann unmittelbar daraus ab. Das Schema der Limitation wird nicht behandelt.

---

[325] *Epilegomena*, S. 290.
[326] *Epilegomena*, S. 293.
[327] *Epilegomena*, S. 292.

„Realität" bedeutet nicht „Wirklichkeit" oder „Dasein". Die Kategorie der „Realität" hängt mit der „Empfindung" zusammen. Die Realität „korrespondiert" einer Empfindung. Und die Empfindung sorgt dafür, dass die Erscheinung etwas Bestimmtes, „ein bestimmtes Etwassein" ist. Laut der transzendentalen Ästhetik wird die empirische Empfindung durch die apriorischen Formen von Raum und Zeit geordnet, das heißt: Jene setzt diese voraus. Wenn nun die Zeit vor dem Raum einen Vorrang hat, weil alles, was durch den äußeren Sinn gegeben wird, auch im inneren Sinn angetroffen wird, dann folgt daraus, dass die Empfindung zeitlich geordnet wird, wenn der Gegenstand das Gemüt affiziert. Das In-der-Zeit-Sein der Empfindung und dementsprechend der korrespondierenden Realität ist also von vornherein gesichert.[328] Die Frage ist, welches transzendentale Schema dabei geltend gemacht wird.

Fink zeigt auf, dass die Argumentation von Kant über den Begriff des „Grades", das heißt der „intensiven Größe" geführt wird: „Das Sein der Erscheinungen als In-der-Zeit-Sein ist grundsätzlich durch intensive Größen bestimmt, deren Grade Grade der Bezogenheit zur Empfindung sind."[329] Und diese Intensität ist nichts weiter als mehr oder weniger starke „Zeiterfüllung", „Zeitfüllsel".[330] Das Schema der Realität ist somit erfüllte Zeit – genauer: „die kontinuierliche und gleichförmige Erzeugung der Realität als Quantität von Etwas, was die Zeit erfüllt".[331] Das Schema der Negation ist dementsprechend abgenommene oder entleerte Zeit.

Was das transzendentale Schema der Limitation betrifft, wird dieses nach Finks Dafürhalten deswegen „übergangen", weil darin bereits eine *Mehrheit* von Erscheinungen in Zusammenhang gedacht wird, was bereits eine „Überleitung" zur Kategoriengruppe der Relation darstelle. Damit ist tatsächlich auch schon der Übergang zu derselben vollzogen.

Für Fink hat die Gruppe der Relationskategorien insofern eine fundamentale Bedeutung, als sie die Zeitbezogenheit der Kategorien nicht nur auf *einzelne* Gegenstände, sondern hinsichtlich der

---

[328] Fink schreibt: „Seiendes, was mit der Empfindung zusammenhängt, ist Seiendes in der Zeit. Etwassein von solchem, was in der Zeit ist, ist notwendig mit der Empfindung verbunden", *Epilegomena*, S. 293.
[329] Ebd.
[330] *Epilegomena*, S. 300.
[331] *Epilegomena*, S. 298.

„Gesamtstruktur der Erfahrung"[332] betrifft. Dabei kommt jeder der drei Kategorien der Relation eine eigene und besondere Rolle zu.

In der ersten dieser Kategorien – der Substanz – wird das Verhältnis von Prädikaten oder Eigenschaften und dem Träger derselben gedacht. Kant bezeichnet dieses Verhältnis als ein solches von „Subsistenz" und „Inhärenz". Wie lässt sich nun die Substanz als Weise des In-der-Zeit-Seins von Erscheinungen denken? Finks Antwort lautet: „Das Subsistieren in ein Zeitverhältnis übersetzt bedeutet im Gegensatz zum Inhärieren ein Bleiben, Beharren im Wechsel."[333] Dabei kommt es auf die *Verschränkung von Bleiben und Wechsel* an. Verschränkung heißt aber nicht Gleichzeitigkeit von Bleiben und Wechsel in dem Sinne, dass das eine bliebe und das andere wechselte bzw. umgekehrt. Mit dem transzendentalen Schema der Substanz wird vielmehr ein Substratum *aller* (empirischen) Zeitbestimmung, also ein Zugrundeliegen für *jedes* Bleiben und *jeden* Wechsel gedacht. Fink nennt dieses eine „vorgängige apriorische Zeitbestimmung", bzw. den Ansatz „eines grundsätzlichen Bleibens im Wechsel des Wechselbaren".[334] Damit wird gleichsam das noematische Pendant zum Ich qua noetischer Instanz der Einheitsstiftung der Erlebnisse herausgestellt: „Analog [...], wie das Ich als der identische Einheitspol die Bedingung für die Mannigfalt [sic!] der Erlebnisse im Wandel der Erscheinungen ist, wird in dem Beharren der Substanz ein Beziehungspunkt gedacht, der im Abströmen der Erscheinungen als dessen Bestimmungen beharrt und in diesem Beharren derselbe bleibt."[335]

Fink betont nun aber, dass der „Substanz"begriff in diesem „Beharren der Substanz" geklärt werden muss. Versteht Kant die Substanz singularisch (wie Spinoza) oder pluralisch (wie Leibniz)? Kants Satz „Die Zeit verläuft sich nicht, sondern in ihr verläuft sich das Dasein des Wandelbaren"[336] liefert laut Fink die Antwort auf diese Frage. Folgender längerer Passus gestattet es dann, die Weise des In-der-Zeit-Seins der Kategorie der Substanz zu fassen:

---

[332] *Epilegomena*, S. 300.
[333] *Epilegomena*, S. 301.
[334] *Epilegomena*, S. 302.
[335] Ebd.
[336] KrV, A 144/B 183.

Die Zeit selbst hat die sonderbare Struktur des Bleibens und Wechsels. Sie bildet den ersten Grundriss einer Verspannung dieser beiden Momente. [...] Die Zeit ist die immerseiende Voraussetzung des Nicht-immer-Seins der endlichen Erscheinungen in der Zeit. Diese Struktur der Verspannung von Bleiben und Wechsel nimmt Kant in den Blick, um von ihr aus eine analoge Struktur beim In-der-Zeit-Seienden aufzusuchen. Das In-der-Zeit-Seiende wird so vorgestellt, dass es einen Zeitinhalt darstellt, der beständig ist, der aber in immer neuen endlichen Gestalten erscheint. Dieser eine Zeitinhalt ist die singularisch verstandene Substanz, d.h. aber die Weltmaterie, die die Zeit dauernd füllt und aus der die Figurationen und Kompositionen der endlichen zeitlichen Gestalten der binnenzeitlichen Dinge entstehen. Diese Urmaterie als der Zeitinhalt der beständig anwesenden Zeit ist die monistische Substanz, deren Akzidenzien die Dinge sind, die wir als endliche Substanzen auffassen. Das Verhältnis von Substanz und Akzidenz wird von Kant von den endlichen Einzelsubstanzen auf die Ursubstanz zurückgeschraubt. Sie als das Unwandelbare im Dasein der Erscheinungen korrespondiert der Zeit als der unwandelbaren und bleibenden. Im Hinblick auf die paradox zu beschreibende Struktur der Zeit als der Verspanntheit von Kontinuität und Diskretheit spricht Kant von dem ihr korrespondierenden Zeit*substratum*, das in allem Wechsel seiner Akzidenzien das Beharrende ist. An ihm gemessen, sind alle endlichen Dinge nur Erscheinungen, d. h. Bestimmungen der einen, in der Zeit unvergänglichen Substanz. So wie die Zeit verharrt und in ihrem Bleiben den Wechsel ermöglicht, so beharrt das der Zeit korrespondierende Zeit*substratum* und ermöglicht in seinem Beharren den Wandel der Zeitlängen und Zeitgrößen der Erscheinungen als der Akzidenzien des *Substratums*.[337]

---

[337] *Epilegomena*, S. 304f. Dieses Zeitsubstratum vertieft auf eine interessante Weise das, was man das „Idealismusproblem" in der *Kritik der reinen Vernunft* nennen könnte. In seiner berühmten *Widerlegung des Idealismus* in der B-Auflage kommt es Kant darauf an, auf die Wahrnehmung eines „äußeren" Beharrlichen zu verweisen, das mein Dasein in der Zeit primär (in Absehung auf die Begründung von Erfahrung und Erkenntnis) bestimmen muss – oder allgemeiner formuliert, es gilt ihm zu erweisen, dass innere Erfahrung nur unter der Voraussetzung äußerer Erfahrung möglich ist. Man könnte sich fragen, ob das hier herausgearbeitete Zeitsubstratum nicht gewissermaßen eine idealistische Antwort auf die Idealismus-Widerlegung darstellt – die Fink *anhand Kants Darlegungen zum Zeitsubstrat* liefert! Und zwar nicht, um jene Widerlegung einfach umzukehren und einen platten Idealismus zu behaupten, sondern um herauszuarbeiten, wie ein doch subjektiv konstituiertes Zeitsubstratum die Scheidung von „innen" und „außen" allererst möglich macht.

Nach Finks Dafürhalten sind hierbei drei strukturelle Ebenen zu unterscheiden: die Struktur der Zeit selbst, die Struktur der monistischen Substanz und die Struktur der einzelnen Gegenstände oder pluralischen Substanzen. Letztere lässt sich aus jener der *einen* Substanz und die Struktur der einen Substanz wiederum aus der der Zeit selbst ableiten. So ist also die Definition des transzendentalen Schemas der Substanz – wonach sie „die Beharrlichkeit des Realen in der Zeit" im Sinne des angesprochenen „Substratums" ist – zu verstehen.

Das transzendentale Schema der Kausalität ist von nicht geringerer Bedeutung für das Erfassen der ursprünglich zeitlichen Gesamtstruktur der Erfahrung. Es betrifft nicht mehr die transzendentale Zeitbestimmung eines *Einzeldinges*, sondern jene der kausalen *Verbundenheit* der Einzeldinge unter- oder miteinander. Durch es wird, wie Fink sich ausdrückt, die bloß zeitliche Folge – die „Nachfolge" – zu einem „Infolge". Das „Infolge" stellt dabei eine Verbundenheit zwei sich zeitlich folgender Zustände her, wodurch diese sich als „Verkettung" von Ursache und Wirkung erweist. Auffällig ist, dass die *Notwendigkeit* dieses Verbindungs- und Verkettungscharakters des transzendentalen Schemas der Kausalität – qua „jederzeitiger Folge eines Realen" – *nicht* erwiesen wird (das geschieht dann erst in den „Analogien der Erfahrung", die aufweisen, dass nur durch die Kausalgesetzlichkeit Erfahrung überhaupt *möglich* sein kann). Kant – und Fink auf dieselbe Weise – behaupten lediglich, *dass* das transzendentale Schema der Kausalität die „Nachfolge" zu einem „Infolge" macht. Die Erklärung aber, *wie* das *möglich* ist, gehört offenbar nicht zu den Aufgaben des Schematismus.

Während das erste transzendentale Schema der Relation die *Beharrlichkeit* und das zweite Schema die *Folge* (oder *Sukzession*) betrifft, führt das dritte Schema nun auch den dritten „Zeitmodus"[338] – nämlich das *Zugleichsein* – ein. „Das Schema der Gemeinschaft denkt die Verflechtung der Einzeldinge in der Form der universellen Gleichzeitigkeit."[339] Die Hauptthese Finks hierzu lautet, dass die Gleichzeitigkeit sich nicht auf die empirische Feststellung der Messbarkeit zweier Phänomene bezieht, sofern diese im selben Jetzt-

---

[338] Vgl. KrV, A 177/B 219.
[339] *Epilegomena*, S. 308.

punkt der objektiven Zeitreihe zusammenträfen, sondern die Aufweisung einer „beharrenden Gleichzeitigkeit der Substanzen" betrifft, die auf eine *absolut vorausliegende Gleichzeitigkeit* verweist.[340] Der Unterschied zu jener Gleichzeitigkeit der Verschränkung von Bleiben und Wechsel im ersten transzendentalen Schema der Relation besteht darin, dass diese „statisch", während die des dritten Schemas „dynamisch" ist. Dies verdankt sich der Tatsache, dass die dritte Kategorie einer Kategoriengruppe je eine Verbindung der ersten und der zweiten darstellt (und das somit auch auf die transzendentalen Schemata zutrifft). „In der Kategorie der Wechselwirkung und ihrem Schema wird die Statik der Substanzialität und die Dynamik der Kausalbewegung zusammengespannt."[341] Dadurch wird deutlich, dass das transzendentale Schema der Wechselwirkung die Substanz nicht als monistische denkt, sondern einen Pluralismus von Substanzen betrifft. Ob damit aber diesem dritten transzendentalen Schema der Gruppe der Relationskategorien ein Vorrang zukommt oder ob doch die erste weiterhin als „Grundstruktur der Zeit selbst"[342] aufgefasst werden muss, bleibt in Finks Lesart letztlich unausgemacht.

Genauso wie die Kategorien der Modalität das Besondere an sich haben, lediglich das Verhältnis zum Erkenntnisvermögen auszudrücken, unterscheiden sich die transzendentalen Schemata der Modalität von den anderen dadurch, dass sie die drei Verhältnisse der subjektiven Vorstellung von einem Gegenstand zur Zeit darstellen. Sie sind laut Fink „Reflexionsbestimmungen", durch welche die Vorstellung von einem Gegenstand in den Bezug zur Zeit gebracht werden. Dabei werden aber nicht nur die Modalitätsbegriffe selbst verzeitlicht, sondern die Modalitätsbegriffe werden insbesondere auch auf das Subjekt und dessen Zeitlichkeit zurückbezogen.

Finks Hauptthese hinsichtlich der Modalitätsschemata besagt, dass allererst mit ihnen der Bezug von Sein und Zeit deutlich wird, denn dieser Bezug ist die Voraussetzung für das In-der-Zeit-Sein der Modalitätskategorien:

Erst wenn wir den Seinsbegriff mit der Zeit verbinden, wenn wir Sein und Zeit zusammendenken und das Sein der Erscheinungen als Sein in der Zeit

---

[340] *Epilegomena*, S. 310.
[341] Ebd.
[342] *Epilegomena*, S. 309.

denken, können wir das, was wir im Möglichsein, Wirklichsein, Notwendigsein denken, unter transzendentale Zeitbestimmungen bringen [...].³⁴³

Fink überträgt dies dann auf die Rolle der transzendentalen Schemata überhaupt, sofern sich nämlich in der „verzeitlichten Grundstruktur eines Dinges als eines Gegenstandes der Erfahrung" „das Seins- und Zeitverständnis"³⁴⁴ zusammenschließen. Er geht sogar so weit zu behaupten, dass hier das „Grundproblem des Kantischen Idealismus formuliert" werde, nämlich, dass „das *ens* nur ein solches sein kann, das in der Zeit ist".³⁴⁵ Die Aufzählung der transzendentalen Schemata der Modalität ergibt folgendes:

„Möglichsein" und „Möglichkeit" gibt es nur im Horizont der Zeit. Für ihr transzendentales Schema bedeutet dies, dass es der „Bestimmung der Vorstellung eines Dinges zu irgendeiner Zeit"³⁴⁶ entspricht. Damit ist gemeint, „dass die Schematisierung der Kategorie der Möglichkeit im Einbezug einer Vorstellung von einem erscheinenden Ding in das Zeitfeld beruht, ohne dass dazu angegeben werden muss, an welcher Zeitstelle sich das Mögliche befindet".³⁴⁷

Das transzendentale Schema der Wirklichkeit – und zwar der eines *Einzeldings* – wird von Kant als „das Dasein in einer bestimmten Zeit"³⁴⁸ gekennzeichnet. Auch hier ist der Rückbezug auf das subjektive Vorstellen impliziert (gleiches wird auch für das transzendentale Schema der Notwendigkeit gelten). „Bestimmte Zeit" meint hier die Verortung auf einer bestimmten „Zeitstelle".

Das transzendentale Schema der Notwendigkeit ist schließlich „das Dasein eines Gegenstandes zu aller Zeit".³⁴⁹ Notwendigsein muss mit Immersein gleichgesetzt bzw. Notwendigkeit muss als „Ständigkeit des In-der-Zeit-Seins"³⁵⁰ aufgefasst werden, wenn der Gebrauch der Kategorie der Notwendigkeit möglich sein soll. „Im

---

³⁴³ *Epilegomena*, S. 312.
³⁴⁴ *Epilegomena*, S. 329.
³⁴⁵ *Epilegomena*, S. 319.
³⁴⁶ KrV, A 144/B 184.
³⁴⁷ *Epilegomena*, S. 314.
³⁴⁸ KrV, A 145/B 184.
³⁴⁹ Ebd.
³⁵⁰ *Epilegomena*, S. 314f.

schematisierten Begriff der Notwendigkeit wird ein unablässiges, anfangs- und endloses In-der-Zeit-Sein gedacht."[351]

Fink fasst die Funktion der transzendentalen Schemata der Modalität in folgenden Worten zusammen: „Die unbestimmte Zeit, die bestimmte Zeit und die Allzeitigkeit bilden die drei Zeithorizonte, von denen her er [scil. Kant] die ontologischen Begriffe der Möglichkeit, Wirklichkeit und Notwendigkeit temporalisiert."[352]

Nach dieser Aufzählung der transzendentalen Schemata der Kategoriengruppen (bzw. der besagten Kategorien) wirft Kant noch einmal einen Blick auf die Schemata zurück. Es geht dabei noch einmal – und dabei in gewisser Weise *näher betrachtet* – um die Funktion der Zeit hinsichtlich des in der Zeit Erscheinenden. Fink fasst diesen Rückblick so zusammen:

Das Schema der Quantitätsgruppe beruht in der Erzeugung (Synthesis) der Zeit selbst in der sukzessiven Apprehension eines Gegenstandes, das Schema der Qualitätsgruppe in der Synthesis der Empfindung mit der Vorstellung der Zeit, d.h. in der Erfüllung der Zeit, das Schema der Relationsgruppe im Verhältnis der Wahrnehmungen untereinander zu aller Zeit nach einer Regel der Zeitbestimmung und das Schema der Modalitätsgruppe in der Zeit selbst als dem Korrelat der Bestimmung eines Gegenstandes, ob und wie er zur Zeit gehört. Die *Schemata* sind daher, wie Kant sagt, nichts als Zeitbestimmungen a priori nach Regeln [A 145/B 184]. Sie erhalten ihre Ordnung nach der Ordnung der Kategoriengruppen und stellen die Zeitreihe, den Zeitinhalt, die Zeitordnung und den Zeitinbegriff dar. In diesen transzendentalen *Schemata* wird das In-der-Zeit-Sein der Erscheinungen nach einer Vierfalt von Hinsichten gedacht.[353]

Diese „Vierfalt von Hinsichten" stellt sich für Fink so dar, dass das Sein der Einzeldinge aus dem Horizont der Zeit in einer *vierfachen Richtung* verstanden wird, nämlich als Zeitreihe, Zeitinhalt, Zeitordnung und Zeitinbegriff. Diese vier Begriffe werden dabei in einem gänzlich neuen Sinn verstanden, der von ihrer üblichen Bedeutung stark abweicht.

1.) *Zeitreihe*. Das transzendentale Schema der Gruppe der Quantität ist die Zeit als Zeitreihe. Mit „Reihe" bzw. „Reihenhaftigkeit" wird auf *Extensivität* (bzw. „Extensivsein") Bezug genommen, das

---

[351] *Epilegomena*, S. 315.
[352] Ebd.
[353] *Epilegomena*, S. 315f.

heißt: auf „die vorstellende Erzeugung einer bestimmten Zeitgröße eines Gegenstandes".[354] Es geht also, wie gesagt, um das „Großsein eines Dinges in der Zeit".[355] „In der Zeitreihe tritt der Zeitaspekt der Abfolge in den Blick [...]." Dabei „gilt, dass alle Erscheinungen, die wir erkennen, eine innerzeitliche Erstreckung haben. Darin bekundet sich eine der Weisen, wie die Zeit das in ihr Seiende sein lässt und ihm seine Weile gewährt."[356]

2.) *Zeitinhalt.* Das transzendentale Schema der Gruppe der Qualität ist „erfüllte Zeit" (Realität) bzw. „leere Zeit" (Negation). Damit wird der jeweilige (erfüllte oder entleerte) Zeitinhalt bezeichnet. „Der Zeitinhalt meint das zeitfüllende In-der-Zeit-Sein von Erscheinungen als ein Übergänglichsein zwischen Nichts und einer bestimmten Intensitätsgröße, die auf die Gradualität der Empfindung zurückbezogen ist."[357] Das In-der-Zeit-Sein gibt sich hier gleichsam als „Schwanken des Realitätsgehaltes", der „Realitätsfülle".[358]

3.) *Zeitordnung.* Das transzendentale Schema der Gruppe der Relation ist die „Zeitordnung". „Zeitordnung" ist nicht Ordnung *der* Zeit, sondern Ordnung der Erscheinungen hinsichtlich der Zeit bzw. in der Zeit.

Das in der Zeit sich Erstreckende und die Zeit Füllende steht zugleich in einer bestimmten Ordnung in der Zeit, es unterliegt der Regel der Verspannung von Bleiben und Wechsel in der Substanz, der Regel der Zeitfolge nach dem Gesetz der Kausalität und schließlich der Regel des Zugleichseins nach dem Gesetz der Wechselwirkung. Kommt die Zeit als Zeitreihe hinsichtlich der Abfolge und als Zeitinhalt hinsichtlich ihrer graduell unterschiedlichen Füllbarkeit in den Blick, so erscheint die Zeit als Zeitordnung unter dem Aspekt der dreifachen Form, in der sich die Erscheinungen untereinander in der Zeit verhalten.[359]

Es bestätigt sich hier also noch einmal, dass mit der dritten Schemata-Gruppe die ersten beiden dahingehend „überholt" werden,

---

[354] *Epilegomena*, S. 316.
[355] Ebd.
[356] Ebd.
[357] Ebd.
[358] Ebd.
[359] *Epilegomena*, S. 317.

dass hier die Erfahrung in ihrer grundlegenden (zeitlichen) Struktur in den Blick genommen wird.

4.) *Zeitinbegriff.* Das transzendentale Schema der Gruppe der Modalität ist der „Zeitinbegriff". Auch hier meint „Zeitinbegriff" nicht den Inbegriff der Zeit *selbst*, sondern das In-der-Zeit-Einbegriffensein. Damit ist der Zeitaspekt des „alle Erscheinungen Umfassenden"[360] gemeint. Die Zeit, betont Fink, ist eine alles Erscheinende einbegreifende und ihm vorausliegende Totalität.

Fink fasst schließlich die vier Schemata auf folgende Weise (welche die Aufzählung in umgekehrter Reihenfolge durchgeht) prägnant zusammen:

[D]ie Zeit umgreift das Sein aller Erscheinungen; sie regelt durch die bestimmte Struktur der Verkettung alles in ihr erscheinende Seiende; sie ist das, was durch das Binnenzeitliche gefüllt wird, was sich einer Füllung durch Innerzeitliches öffnet; sie ist schließlich dasjenige, was dem sie Füllenden eine bestimmte Erstreckung zulässt.[361]

Damit wird das umrissen, was Fink Kants „Temporalontologie der Einzeldinge" nennt.

In diesen transzendentalen Bestimmungen des In-der-Zeit-Seins der Erscheinungsdinge verliert die Zeit den sonst verkürzten Aspekt, dass sie nichts anderes sei als ein Medium, in welchem die Begebenheiten gereiht sind und in welchem es gewisse Ordnungen gibt. Die Aspekte der Reihung, Füllung, Ordnung und Einbegreifung werden von Kant von der Zeit her auf die innerzeitlichen Dinge hin gedacht. In ihnen vollzieht sich die temporale Durchmachtung des Binnenzeitlichen von der Zeit her.[362]

Jene „Temporalontologie" besteht somit darin, dass die Erscheinungsdinge zeitlich durchgliedert werden. Dies wird, so lautet Finks These, durch eine „doppelte Synthesis" ermöglicht. Das Mannigfaltige des inneren Sinnes (der Zeit) wird zum einen durch die von der Einbildungskraft hervorgebrachten Zeitschemata synthetisiert; und die dadurch entstandenen Einheiten werden zum anderen ihrerseits durch die transzendentale Apperzeption synthetisiert. Und der entscheidende Punkt ist dabei, dass „Zeitschema und Ichbewusstsein

---

[360] Ebd.
[361] Ebd. (bereits in Anhang I zitiert).
[362] *Epilegomena*, S. 317.

[…] als die doppelte Synthesis der Einbildungskraft und der transzendentalen Apperzeption zusammenwirken" müssen, „damit Erkenntnis von binnenzeitlich [also ‚objektiv' in der ‚immanenten Sphäre'] erscheinenden Dingen möglich ist".[363] *Jede Dingerscheinung setzt das Zusammenspiel von Zeit, Einbildung und Ich voraus.* So lässt sich Finks Auslegung von Kants Schematismus-Kapitel auf den Punkt bringen. Und, so vollendet Fink diese Auslegung, die sich ganz in den gnoseologischen Horizont der Erkenntnis von Gegenständen einschreibt, „[d]araus, dass die Kategorien einer Temporalisierung fähig sind, schließt Kant, dass sie einzig und allein unter der Bedingung dieser ihrer Temporalisierung Erkenntnisbedeutung haben können."[364]

Fink beschließt seine Auslegung des Schematismus-Kapitels mit zwei wichtigen Bemerkungen zu den Begriffen der „Bedeutung" und des „Phainomenons".

Wenn Kant behauptet, die „Schemata verschaffen den Kategorien Bedeutung", heißt das, dass jene „gegenstandstreffende Bedeutung"[365] haben, und sich nicht auf das im Begriff Gemeinte beschränken. Die Schemata machen dabei den apriorischen Gegenstandsbezug möglich und komplettieren dadurch das Beweisziel der Kategorien-Deduktion. „Die Schematisierung gibt den Kategorien nicht ihre logische Bedeutung, die sie auch außerhalb ihrer Verzeitlichung haben, sondern sie verschafft ihnen den apriorischen Gegenstandsbezug, so dass wir in den schematisierten Verstandesbegriffen nicht nur auf eine ideale Bedeutungseinheit bezogen sind, sondern in ihnen das Gegenstandsein der Erfahrungsgegenstände erkennen."[366]

Es gibt aber in diesem ganzen Zusammenhang noch einen anderen Bedeutungsbegriff, und dabei kommt der Begriff des „Phänomenons"[367] ins Spiel. Lassen wir abschließend Fink hierzu ausführlich zu Wort kommen:

---

[363] *Epilegomena*, S. 318.
[364] Ebd.
[365] *Epilegomena*, S. 320.
[366] Ebd.
[367] KrV, A 146/B 186.

Das Schema als die Widerspiegelung der synthetischen Einheitsfunktion der Kategorie in den apriorischen Formen des In-der-Zeit-Seins nennt Kant auch das *Phaenomenon*, d. h. den sinnlichen Begriff eines Gegenstandes in Übereinstimmung mit der Kategorie. […] Versinnlichung der Begriffe meint aber nicht ihre <*Tangierung*> durch sinnliche Qualitäten, sondern nur ihren Bezug zum Zeithaften als solchen. […] Wenn wir nun aber die Kategorien ohne ihren notwendigen Bezug zu ihren *Schemata* denken, so könnte es scheinen, als ob wir die Reichweite ihrer Erkenntniskraft, die zunächst durch die Verzeitlichung restringiert wurde, amplifizieren. Denn wir könnten dann meinen, dass die Kategorien in ihrer „reinen Bedeutung" ohne die Bedingungen der Sinnlichkeit die Dinge so erkennen, wie sie an sich sind, und nicht nur, wie die schematisierten Begriffe, wie sie erscheinen. In dem Ausdruck „reine Bedeutung" spricht Kant in einem anderen Sinn von „Bedeutung" als dort, wo er sagt, dass die *Schemata* den reinen Verstandesbegriffen allererst Bedeutung verschaffen. Dort meint „Bedeutung" so viel wie „sachbetreffender Bezug". Hier[368] hat die „reine Bedeutung" den Sinn des in der Kategorie als Denkform jeweils Gedachten als solchen, angesichts dessen der Gedanke aufkommen könnte, dass dieses das Ding in seinem Ansichsein und nicht, wie der schematisierte Begriff, in seinem Für-uns-Sein, d. h. in seinem bloßen Erscheinen betrifft. Kant identifiziert sich jedoch mit diesem Gedanken nicht, sondern er weist damit nur auf die Meinung des traditionellen Rationalismus hin, der das Denken des Seienden als ein solches versteht, das jenes in seinem Ansichsein erschließt, gemäß dem Satz: „dasselbe ist Sein und Denken". Diese Parmenideische Grundgleichung wird von Kant in der *Kritik der reinen Vernunft* auf entschiedene Weise angegriffen. Er löst das Problem von Sein und Denken dahingehend, dass er sowohl Elemente des Rationalismus als auch des englischen Empirismus aufgreift und in eine neue Beziehung bringt, wonach die apriorischen Elemente allein auf das zeithaft Seiende eingeschränkt werden. Die Kategorien haben für Kant nur in ihrer Verbindung mit den *Schemata* gegenstandsbezogene Bedeutung.[369]

Auf diese Weise scheint Fink Heidegger darin Recht zu geben, dass Kant der erste Denker gewesen sei, der Sein und Zeit grundlegend zusammengedacht habe.

---

[368] Zum Bedeutungsbegriff bei Kant, siehe V. Cibotaru, *Le problème de la signification dans les philosophies de Kant et Husserl*, „Mémoires des Annales de Phénoménologie", Dixmont/Wuppertal, Association Internationale de Phénoménologie, 2022.

[369] *Epilegomena*, S. 327f.